REVUE DES DEUX MONDES

Sommaire | NOVEMBRE 2022

Critiques

La violence révolutionnaire est-elle de retour ? Jean-Luc Mélenchon explique, dans l'entretien qu'il nous a accordé, que l'onde de choc de la Révolution de 1789 n'est pas épuisée mais que la révolution doit se faire de façon démocratique. Qu'est-ce qu'une révolution démocratique, sinon un oxymore ? Pour le leader de la Nupes, les nouvelles révolutions sont aussi intersectionnelles, LGBT, antiracistes et néoféministes.

La France est profondément divisée et se reconnaît de plus en plus dans la radicalité d'extrême gauche ou d'extrême droite. Un Français sur deux est en sécession avec le « cercle de la raison ».

L'obstruction politique, dans un Parlement sans majorité absolue, peut aboutir à une situation de blocage lourde d'incertitudes. En France, la culture du compromis est haïssable. Nul ne sait si le ressentiment et la frustration déboucheront sur une violence de rue. La crise économique peut aussi agir comme un étouffoir sur des classes populaires et moyennes angoissées par l'avenir. Mais, au-delà de l'hypothèse d'un retour de la violence en politique qui, espérons-le, n'aura pas lieu, la soumission à la radicalité idéologique de l'extrême gauche renforce les fractures sociétales et culturelles. Entre la vie réelle des Français et la vie rêvée des *woke*, leur police de la pensée, leurs « gardiens » des mœurs et leur Sandrine Rousseau, le fossé ne cesse de se creuser. V.T.

Éditorial

Pour l'Arménie

La Russie a attaqué l'Ukraine en février dernier, au mépris du droit international, et vient d'annexer, à l'issue de simulacres de référendums, les régions de Donetsk, Kherson, Zaporijia et Louhansk. Le discours prononcé par Vladimir Poutine à l'issue de la publication des résultats des référendums est un mélange délirant de haine anti-occidentale et d'*hubris* impériale. Le maître du Kremlin y célèbre la « grande Russie historique » et justifie son agression. La Russie est condamnée en bloc par le camp occidental qui multiplie les sanctions tout en soutenant militairement l'Ukraine. La défense de l'Ukraine est aussi celle de la démocratie et de nos valeurs.

À deux mille kilomètres de Kiev, en septembre dernier, l'Azerbaïdjan a attaqué l'Arménie dans ses frontières, en totale violation du droit international. Trois cents morts et des centaines de blessés en seulement deux jours. L'offensive militaire a été provisoirement stoppée. L'Arménie, petit pays héritier d'une civilisation chrétienne millénaire, est enclavée entre l'Azerbaïdjan d'Ilham Aliev à l'est et la Turquie de Recep Tayyip Erdoğan à l'ouest. Les deux dictateurs se considèrent, selon l'expression d'Erdoğan, comme « deux États, une seule nation » et caressent un même rêve : faire « sauter » le verrou arménien et créer un grand espace panturc et musulman qui irait du Bosphore à l'Asie centrale.

Tout comme Poutine considère l'Ukraine comme un prolongement naturel de la Russie, sans tenir compte de l'histoire et de la volonté des Ukrainiens, le sultan turc et son allié azéri considèrent l'Arménie comme « leur » territoire. En dépit de l'histoire, puisque l'antériorité des Arméniens sur ces terres est incontestable, et en dépit du droit, puisque l'Arménie est une République indépendante. Sans parler du fait que les Arméniens chrétiens sont encore plus éloignés culturellement des Turcs musulmans sunnites que les Ukrainiens ne le sont des Russes.

Les deux dictateurs Aliev et Erdoğan veulent conquérir le sud de l'Arménie, comme ils ont reconquis le Haut-Karabakh à l'issue de la guerre menée en 2020. C'est une épuration ethnique à bas bruit. Lors de l'agression des 13 et 14 septembre, toutes les cibles étaient civiles. L'objectif est de tuer ou de terroriser les populations afin qu'elles fuient définitivement. Finir le travail. Parachever le génocide de 1915.

L'Europe et l'Occident se sont-ils levés d'un seul bloc pour condamner cette violation du droit international doublée d'une menace existentielle sur tout un peuple ? Non. Au mieux, quelques belles déclarations de principes. Au pire, le silence total. Entre les deux, une majorité d'États qui renvoient dos à dos agresseurs et agressés.

Non seulement l'Azerbaïdjan n'est ni condamné unanimement ni sanctionné pour son agression mais la présidente de la Commission européenne, Ursula von der Leyen, a acheté du gaz au dictateur Aliev. La vie des Arméniens compte moins dans la balance qu'un peu de chauffage supplémentaire. Cette démarche déshonorante était de plus parfaitement inutile : l'Azerbaïdjan n'a pas d'autre marché possible que l'Europe pour exporter son gaz, alors que l'Union européenne importe du gaz de plus de trente sources différentes. Aliev aurait de toute façon vendu son gaz à l'Europe car il est demandeur. Au lieu de cela, il s'affiche triomphalement comme un « sauveur ».

L'Europe aurait dû bien au contraire profiter de ce contrat pour exiger de l'Azerbaïdjan qu'il mette fin à son agression. Ursula von der Leyen ne cesse de marteler que l'Europe ne veut que des partenaires fiables. En quoi l'Azerbaïdjan, dirigé depuis trente ans par le clan Aliev qui a détourné des milliards à son profit, qui saigne et muselle son peuple et attaque son voisin, est-il un partenaire fiable ?

Stopper Poutine est un impératif politique, stratégique et moral. Mais stopper Aliev et Erdoğan l'est tout autant. L'expansionnisme turc menace aussi la Grèce. Et n'oublions pas qu'Erdoğan appartient à la confrérie des Frères musulmans et qu'il ne cesse d'intervenir auprès de la communauté turque en France pour faire progresser l'islamisme.

Il a dit à propos de la loi sur le séparatisme que le président Macron devait aller « se faire soigner ». Il ne cesse de critiquer la France pour son « islamophobie » et sa loi de 2004 contre le port des signes religieux à l'école. Son ministre des Affaires étrangères, Mevlüt Çavuşoğlu, est venu à Strasbourg le 9 octobre et a appelé la communauté turque à « s'opposer aux Arméniens ». De quelle manière ? Par la force ?

Si l'Europe et l'Occident défendent l'Ukraine au nom de la souveraineté nationale et de la démocratie, alors l'Arménie doit être défendue au même titre. À l'instar de Poutine, Erdoğan et Aliev sont des champions du non-respect des droits de l'homme. Ils partagent le même mépris pour l'Occident et ses « mœurs dégénérées ». Tandis que l'Arménie, depuis sa « révolution de velours » en 2018, est une démocratie, qui a élu son Premier ministre sur un programme anticorruption et chassé du pouvoir les oligarques.

La Russie, qui était censée défendre militairement l'Arménie en cas d'agression sur son sol, n'a pas bougé lors de l'offensive militaire azérie. Elle est affaiblie militairement et surtout ne veut pas contrarier son partenaire turc dont elle aura certainement besoin à l'avenir. L'Arménie est absolument livrée à elle-même.

Le président Emmanuel Macron pourrait incarner l'honneur de la France et de l'Europe s'il prenait l'initiative de mobiliser la communauté internationale. Pas seulement en envoyant une « mission civile » pour tenter de « normaliser » la situation. Mais en refusant de rester neutre dans ce combat entre une démocratie agressée et des dictatures ivres de leur toute-puissance, pratiquant des crimes de guerre et rêvant de restaurer les empires.

Au nom des valeurs qui sont les nôtres et pour lesquelles nous défendons l'Ukraine, il faut sauver la petite Arménie.

Valérie Toranian

Retrouvez tous les lundis les éditos de Valérie Toranian sur notre site www.revuedesdeuxmondes.fr.

LE SOUTIEN FACILE À L'IRAN
UN PEU...
JE SUIS PARTAGÉ
ON FAIT JUSTE LES POINTES ALORS
OU TROP...
ÇA ALORS! TU SOUTIENS LES IRANNIENNES?
EUH NON
JE SUIS CHAUVE
ON FAIT CE QUE L'ON PEUT
LE TOILETTEUR A SOUTENU L'IRAN AVEC MON KIKI
HEIN MON KIKI
MÊME EN AFGHANISTAN
J'AI COUPÉ MES CHEVEUX!
MOI AUSSI T'AS VU?
bs

DOSSIER

LE RETOUR DE LA VIOLENCE EN POLITIQUE

JEAN-LUC MÉLENCHON

« L'ONDE DE CHOC DE LA RÉVOLUTION DE 1789 N'EST PAS ÉPUISÉE »

› propos recueillis par **Valérie Toranian** et **Jacques de Saint Victor**

L'héritage de 1789, la montée des extrêmes, le populisme de gauche, la laïcité, l'islam... Jean-Luc Mélenchon, ancien candidat à la présidence de la République, se penche sur l'histoire de l'extrême gauche en France et le retour de la violence en politique.

« **Revue des Deux Mondes – Dans quel héritage révolutionnaire vous inscrivez-vous ?**

Jean-Luc Mélenchon Au point de départ, ce que nous sommes, c'est l'humanisme venu du XVIe siècle. Cette pensée pose que l'être humain est l'auteur de son histoire de A jusqu'à Z. Très vite, cette philosophie est devenue une vue politique. Le point de départ, c'est cette rupture fondamentale : si l'être humain est l'auteur de son histoire, alors il doit contrôler les pouvoirs qui s'exercent sur lui. Voilà notre origine, l'humanisme. Et particulièrement, pour moi, Pic de La Mirandole et Christine de Pisan qui dit cette chose fondamentale : « si vous éduquez vos filles comme vous éduquez vos garçons », elles seront capables des mêmes exploits intellectuels! Cela va contre l'idée que se faisaient les gens de l'assignation des femmes à un rôle biologique. Il y a une autre figure féminine qui passe à la trappe dans l'humanisme français, c'est Marie de Gournay. C'est elle qui va rassembler l'œuvre de Montaigne. Elle n'est jamais citée dans les cours de l'humanisme naissant, pourtant elle a écrit un manifeste sous le titre « Égalité des hommes et des femmes ». Avec Rabelais, le maître-penseur le plus accompli, et La Boétie, ces intellectuels affirment le sujet humain comme absolument auteur de son histoire. Puis les Lumières, en lutte contre l'obscurantisme, vont privilégier la méthode de l'expérience par rapport à la tradition. Certes ce courant n'est pas homogène, c'est un buissonnement. Mais ce qui importe, ce sont ces moments cliquets qu'il contient, c'est-à-dire lorsque le système bascule dans un sens ou dans l'autre.

Revue des Deux Mondes – La Révolution française reste-t-elle la part la plus importante de vos influences ?

Jean-Luc Mélenchon J'ai longtemps mis à égalité dans mon panthéon personnel les différentes révolutions françaises dans un moment où la plupart de mes amis étaient assez hostiles à ma vision enthousiaste de 1789, puisque, pour le canon marxiste, c'était une révolution bourgeoise. Marx n'avait pas pris conscience de son caractère populaire, de l'influence permanente de la sans-culotterie à Paris et dans le reste du pays. Il a d'une certaine manière raison : à la fin, c'est un régime qui va favoriser la propriété bourgeoise. Mais ça, ce n'est pas écrit au départ.

Revue des Deux Mondes – Si : l'article 17 de la Déclaration des droits de l'homme et du citoyen de 1789 présente la propriété comme un droit absolu...

Jean-Luc Mélenchon D'accord. C'est la fameuse réplique de Robespierre : « Vous avez écrit une déclaration pour les droits des riches. » C'est un sujet qui se discute. Car la Déclaration fixe un cadre.

Lorsque arrive à l'ordre du jour de la Convention la question de l'esclavage, les députés vont finir par passer par-dessus bord la notion de propriété en abolissant l'esclavage. C'est bien la preuve que la réaction bourgeoise perd la bataille en 1794.

Bien sûr, Robespierre est un homme qui vient de la petite noblesse provinciale. Mais le contenu et la dynamique révolutionnaires ne viennent pas des bourgeois. La nuit du 4 août a lieu parce qu'ils sont déjà sous la pression d'une énergie révolutionnaire dont ils ne savent que faire. Ils ne savent pas comment y répondre. Ensuite arrive la radicalisation absolue avec la marche des femmes qui vont à Versailles chercher le roi. C'est d'une violence physique inouïe pour l'époque. À chaque fois, dans les révolutions, ce sont les femmes qui vont au bout du processus.

Ce qui nous intéresse, c'est l'étude de la production des ruptures. Comment et pourquoi elles interviennent ? Eh bien, nous ne le savons toujours pas. Pourquoi ? parce que le principe d'incertitude qui existe dans la réalité physique est à l'œuvre dans la dynamique de l'histoire. Voilà pourquoi, quoi qu'il en soit, la Révolution française est fondatrice. C'est une déflagration totale dans le vieux monde féodal. C'est l'instauration – si on met de côté le caractère bourgeois que voient les marxistes mécanistes comme la réalité annulant tout le reste – des droits de l'homme qui sont antérieurs à toutes les lois. C'est inaliénable. Aujourd'hui encore, le Conseil constitutionnel ne se réfère pas seulement à sa jurisprudence, mais à la Déclaration de 1789. La grande rupture, c'est l'affirmation de ces grands principes. La Révolution française, bien sûr, est dans la continuité de la centralisation de l'Ancien Régime. Mais ce qui compte, c'est la rupture politique qu'elle a produite. C'est la République, le principe de la souveraineté populaire, la voix du peuple, etc. La rupture fait sens, pas la continuité.

L'onde de choc de la Révolution de 1789 n'est pas épuisée et elle continue à fertiliser les aptitudes révolutionnaires du peuple français et d'autres peuples dans le monde. L'onde de choc de la Révolution de 1917, qui avait peu à voir avec le schéma marxiste, est, elle, selon moi, épuisée. L'onde de choc de la Commune de Paris n'est pas épuisée, en revanche. La thèse du buissonnement et de l'effet cliquet a plus de force descriptive que celle du déterminisme historique linéaire.

Revue des Deux Mondes – Mais la Révolution, c'est aussi la Terreur...

Jean-Luc Mélenchon La Terreur n'est pas un aboutissement. La Terreur est une construction politico-philosophique postérieure au déroulement des événements révolutionnaires. Ceux qui ont imputé la Terreur à Robespierre en ont été en réalité les éléments les plus hallucinés. La journée où Robespierre est exécuté, cent vingt personnes sont guillotinées en même temps. Il n'y a pas le début du commencement d'un procès.

Je me refuse à juger hors contexte et hors époque. Et je n'évalue pas les événements d'après la quantité de sang qui est attribuée à l'un ou à l'autre, parce qu'on est dans des époques violentes. De plus, la violence de la contre-révolution est toujours un multiple de la violence révolutionnaire.

Revue des Deux Mondes – On tue au nom de la pureté révolutionnaire. C'est peut-être ce qui est nouveau...

Jean-Luc Mélenchon Nouveau, non. L'Église faisait tuer en masse au nom de la pureté de la foi. Ce n'est pas la pureté révolutionnaire. C'est la résistance à la guerre et à la trahison. C'est la loi des suspects. Le tribunal révolutionnaire est créé pour qu'on arrête de tuer des gens comme à l'époque des « massacres de septembre ». Et ce tribunal n'est pas une invention de Robespierre, c'est de Danton. On connaît son mot fameux : « Soyons terribles pour dispenser le peuple de l'être. » Ces révolutionnaires de la Convention ont tous peur que se reproduisent les massacres de septembre qui sont la page noire et aussi l'angle mort de la Révolution. Donc, si vous voulez, mettons de côté les jugements moraux ou les appréciations hors contexte. Et je vais poser comme règle centrale celle de la responsabilité, c'est-à-dire la morale de la vertu – la vertu au sens civique du terme. Les êtres humains sont responsables de tous leurs actes puisqu'ils sont les seuls à pouvoir détruire toute la biosphère. Les êtres humains sont responsables de tous leurs actes y compris s'ils se contentent d'obéir.

Et depuis Hannah Arendt et le procès d'Eichmann, on ne peut plus parler de la même manière de la question de la responsabilité dans l'histoire. Donc, quoi qu'il arrive et quoi qu'il en coûte, nous sommes responsables de nos actes.

Revue des Deux Mondes – Donc vous condamnez la violence révolutionnaire ?

Jean-Luc Mélenchon Je suis contre. Parce que toute l'expérience que nous avons, y compris dans ce siècle, y compris dans les cinquante dernières années, dont je suis un des protagonistes, c'est que la violence dite « révolutionnaire » appelle la violence du pouvoir et aboutit seulement à des vagues de répression contre-révolutionnaires. Je suis en désaccord absolu avec la violence dite « révolutionnaire » parce qu'elle rabougrit le processus révolutionnaire. Je sais aussi qu'une révolution qui commence par de la violence continue dans la violence. Le progrès de civilisation, au contraire, exige du courage, de la méthode et de la discipline politique.

Revue des Deux Mondes – Vous êtes un théoricien du conflit. Comment concevez-vous le conflit sans violence ?

Jean-Luc Mélenchon La stratégie de la conflictualité part de l'idée que c'est par le conflit que l'on découvre un autre aspect de la réalité et donc la nécessité de l'alternative. Elle est productrice de conscience. Mais personne n'a dit que la production de conscience devrait déboucher sur la violence révolutionnaire. Elle doit déboucher sur de la radicalité politique, ce qui n'est pas synonyme de violence révolutionnaire. C'est pourquoi le cœur de ma stratégie, celle de la révolution citoyenne, c'est le processus constituant. Au sens ultra-traditionnel, c'est-à-dire le peuple s'autoconstitue en faisant une assemblée constituante. Alors ça ne marche pas toujours génialement. Mais pour moi, il n'y a pas de stratégie alternative.

Revue des Deux Mondes – L'objectif, c'est la création de comités populaires en vue d'établir une Constituante…

Jean-Luc Mélenchon Tout à fait. Par stratégie révolutionnaire. Je ne chercherai pas à vous dire que c'est une stratégie aimable.

Revue des Deux Mondes – Justement. Vous êtes contre la violence, mais en même temps, vous mobilisez les affects, les émotions, vous en appelez à la colère du peuple. Cette colère peut aboutir à la violence, n'est-on pas sur une ligne de crête dangereuse ?

Jean-Luc Mélenchon La vie des êtres humains est sur une ligne de crête. Je n'ai crevé les yeux de personne. M. Macron, lui, a crevé les yeux de trente-deux personnes et il ne s'en est jamais excusé ou repenti. On évoque sans cesse les images du risque de la violence révolutionnaire, sans jamais, une seule fois, mesurer les conséquences de la violence contre-révolutionnaire. D'une manière générale, ce que nous avons à combattre, c'est la violence. Est-ce que je provoque de la violence ? non. Je lui donne une forme civilisée, celle de l'appel au vote. Celle de la Constituante. Celle du mot d'ordre. Celle de la marche. Celle de la grève. C'est-à-dire des formes organisées et méthodiques dans lesquelles, comme toujours, il y aura le risque de la colère, mais la colère, ce n'est pas moi qui la fabrique ! Ce n'est pas moi qui rends les gens coléreux, c'est ce qu'ils sont en train de vivre et surtout le sentiment d'impasse qui les traverse parce qu'il n'y a pas d'issue à leurs conflits. Quoi qu'ils fassent et quoi qu'ils disent, personne ne les entend. Donc ça les amène à des débordements. Mais ces débordements, c'est toujours ce que je crains parce que je pense que ça ne sert d'aucune manière ma cause.

Revue des Deux Mondes – À propos du peuple, vous dites, dans la logique du « populisme de gauche » d'Ernesto Laclau, qu'il y a « nous » et « eux ». Qui sont ceux que vous définissez comme « eux » ?

Jean-Luc Mélenchon « Eux » désigne l'oligarchie, c'est-à-dire le petit nombre des gens qui possèdent tout et qui a remplacé la classe bourgeoise. Il reste toujours une classe bourgeoise, mais il y a surtout une caste d'oligarques bien cachée, comme toujours, et qui pousse les petits devant, c'est-à-dire les bourgeois nationaux.

Revue des Deux Mondes – Vous reprenez donc l'opposition entre bourgeoisie *comprador* et bourgeoisie nationale de l'Amérique latine ?

Jean-Luc Mélenchon Il peut y avoir, en effet, un compromis avec la bourgeoisie nationale. Car la tiers-mondisation de la France par l'oligarchie est un fait acquis qui rend ce cadre de lecture de plus en plus applicable à notre situation.

Revue des Deux Mondes – Sur quels critères ?

Jean-Luc Mélenchon Contre la possession des grands moyens de production, contre la domination sur la décision politique d'élites qui n'ont rien à faire de l'existence d'une nation ou d'une patrie, qui sont les oligarques par l'effet du système. Je ne dis pas ça par méchanceté personnelle. Nous menons une bataille qui, pour la première fois depuis de très longues années à gauche, est une bataille totale. Et cette bataille passe d'abord par la nécessité de pouvoir décrire parfaitement le monde que nous combattons. Elle s'appuie donc aussi sur le langage. Chez nous, il y a depuis des années un comité des mots.

Revue des Deux Mondes – C'est-à-dire ?

Jean-Luc Mélenchon Quand on commence une bataille, on discute des mots qu'on va utiliser. Nous disons « eux » et « nous », parce que c'est un cadre conceptuel bien pensé, inspiré de la pensée du philosophe Ernesto Laclau. Malgré tout, c'est une autodéfinition purement subjective et idéologique, de nous contre eux. Nous avons donc dû donner une définition matérialiste du peuple. Lorsque nous disons « le peuple », nous désignons tous ceux qui ont besoin d'accéder au réseau du collectif pour produire et reproduire leur existence matérielle. Ça fait peut-être 90 % de la population. Les riches, eux, se sont ghettoïsés. Ils fabriquent leurs propres réseaux.

Le « eux » et « nous » est plus que jamais d'actualité. Cette opposition existe. Simplement, il faut nommer les choses. Quand vous dites « oligarchie », vous n'êtes pas compris. Personne n'arrive à retenir.

C'est là qu'intervient notre comité des mots. On a commencé à dresser une liste en 2005, au moment du référendum sur la Constitution de l'Union européenne, pour désigner avec humour nos adversaires dans la gauche : « les importants, les très intelligents, les satisfaits… surtout d'eux-mêmes ». Tout le monde riait et savait exactement de qui on parlait. Cette catégorie représente celle qui allait donner le macronisme : ceux qui sont entre le soi-disant centre gauche (qui est surtout du centre, c'est-à-dire de droite) et le centre droit (qui est surtout de droite). Ensuite, on a décidé de faire des affiches contre les « riches ». Le mot faisait couiner au début, même à gauche : « Vous confondez la richesse et le capital, ça n'a rien à voir », « Les riches, ce n'est pas une classe sociale, c'est la bourgeoisie », etc. Les grands catéchumènes étaient tous de sortie pour venir pourfendre le révisionnisme ! Mais quand on parle des riches, tout le monde comprend ! De plus, l'époque donnait à voir la sécession des riches, la sécession vestimentaire, culinaire, géographique. Cette opposition existe et elle reste le cœur de notre vision du monde. Si j'avais présidé le pays, la première des choses que j'aurais faite, c'est de prendre dans les gros portefeuilles et de trouver un compromis avec les petits et les moyens.

Revue des Deux Mondes – Taper sur les gros, ça veut dire que les gros s'en vont. Pour l'industrialisation du pays ce n'est pas excellent.

Jean-Luc Mélenchon Faux ! Ils n'investissent pas. Je leur dis qu'on n'a pas besoin d'eux. Ça tient sans eux. Les brevets d'Alstom, à qui sont-ils ? Ils sont aux salariés français qui les ont créés. Si l'ennemi se comporte en ennemi, il est traité en ennemi. S'il se comporte en personne raisonnable, on fait un compromis.

Revue des Deux Mondes – Donc quand vous jugez qu'il y a un ennemi, vous vous soustrayez aux règles de droit international ?

Jean-Luc Mélenchon Je change le droit. Je ne reconnais pas les tribunaux d'arbitrage. Il y a des règles internationales dans le monde des affaires. L'Europe a essayé de nous imposer ces tribunaux arbitraux. Nous les contesterons. Nous y désobéirons. Mais, attention : sans se soustraire au droit. Il y aura des contestations internationales. Nous enverrons des avocats qui discuteront autant qu'il faudra. On s'inscrit dans le cadre de l'État de droit. Mais j'entends rappeler des évidences : la France a posé en principe la souveraineté du peuple et la souveraineté du peuple n'est pas à la merci d'un arbitrage privé. La souveraineté de la loi, expression de la volonté générale, s'appliquera.

Revue des Deux Mondes – Vous n'avez pas peur d'un scénario à la grecque ?

Jean-Luc Mélenchon La Grèce, c'est 2 % de l'économie de l'Union européenne. Ce n'est pas le cas de la France. La France, c'est 18 %, les Allemands, 20 %. Nous avons cinq banques systémiques à portée de main. À bon entendeur, salut !

Revue des Deux Mondes – Vous tenez à la souveraineté de la France, à son indépendance. Mais son indépendance énergétique est liée au nucléaire, or, vous êtes contre.

Jean-Luc Mélenchon Le nucléaire, c'est une prison. D'abord, cela nécessite de l'uranium. Où le trouver ? On ne va pas pouvoir continuellement envoyer l'armée française au Sahel ou au Kazakhstan qui sont des nids de violence ! Deuxième élément, la sûreté nationale.

Regardez la centrale de Nogent : 13 millions de personnes déplacées au cas où il y aurait un pépin. Et puis, surtout, le nucléaire, c'est un frein à l'invention, parce que, pendant qu'on met des milliards pour recaréner les centrales, il n'y a pas un laboratoire dans ce pays qui travaille sur le refroidissement des déchets nucléaires. Il faut favoriser les énergies du futur. Pas seulement le solaire. Mais l'éolien, et par-dessus tout l'énergie de la mer.

Revue des Deux Mondes – Parlons des valeurs. Vous dites que vous êtes le plus laïc de la classe politique, notamment parce que vous êtes contre le Concordat en Alsace-Moselle. Vous avez été longtemps un « bouffeur de curés » dans la grande tradition anticléricale française. Vous êtes devenu beaucoup plus respectueux des religions. Comment expliquer cette évolution ?

Jean-Luc Mélenchon Il faut mettre ça dans le contexte des formes politiques actuelles de la lutte. Les formes du combat ont changé. Je m'en tiens à la définition de la laïcité telle que nous l'avons mise au point au fil des siècles, nous, Français, c'est-à-dire la séparation des Églises et de l'État. Point barre. La société n'est pas laïque. La laïcité n'est pas un athéisme d'État. Je n'ai pas changé de position. C'est toujours la même que j'ai défendue au fil du temps. Peut-être que oui, plus jeune homme, j'ai pris une position très dure contre la religion. Je me suis comporté en anticlérical confirmé et persistant. D'autant plus que je venais moi-même d'une tradition catholique assez fervente. Que plusieurs membres de ma famille, aujourd'hui, sont des gens qui ont des relations extrêmement étroites avec l'Église catholique. C'est clair qu'entre-temps s'est produit pour moi un décalage. C'est que j'ai vu les luttes en Amérique latine et tous les dirigeants de la gauche latino-américaine sont tous des adeptes de la théologie de la libération. J'ai rompu avec une forme, une manière de m'exprimer. J'ai réalisé qu'elle pouvait être injustement blessante. À quel moment aurais-je été ambigu ? Parce que je défends les musulmans ?

Revue des Deux Mondes – Non, sur la question de l'islamophobie. Manifester contre l'islamophobie c'est manifester contre le droit de critiquer les religions...

Jean-Luc Mélenchon La manifestation du 10 novembre [2019] m'a été reprochée souvent. S'il y en a une nouvelle, j'irai.

Revue des Deux Mondes – Si c'est un appel à manifester contre l'islamophobie ?

Jean-Luc Mélenchon Je ne mépriserai pas une fraction aussi importante de notre peuple parce que le mot ne me plaît pas.

Revue des Deux Mondes – Vous avez fait un comité des mots, c'est donc que les mots ont de l'importance pour vous. L'islamophobie, c'est quand même l'idée qu'on n'a pas le droit de critiquer l'islam, et surtout, on fait passer la critique de la religion pour une critique des personnes musulmanes, ce qui est faux.

Jean-Luc Mélenchon Moi, je lutte contre autre chose. Je refuse de laisser la main aux islamistes sur les musulmans. Donc quand il y a une manif où on chante *La Marseillaise*, où on vient avec le drapeau bleu, blanc, rouge aux côtés de la CGT, de la FSU, d'Attac, et qu'on dit que Mélenchon a participé à une manifestation islamiste parce qu'il y a un illuminé qui a poussé des cris, c'est consternant... Au contraire, à la fin de cette manif, ce sont des milliers de gens qui ont chanté *La Marseillaise* ! Ceux qui nous accusent ne défendent pas la laïcité. Ils défendent la haine, le droit de haïr publiquement les musulmans et de les insulter. Je ne ferai jamais partie de ça. J'ai toujours vécu au milieu des musulmans, tout le temps, toute ma vie et encore maintenant dans mon quartier. Je ne peux accepter non plus le prétexte du droit à critiquer pour autoriser l'insulte permanente contre les musulmans. J'en ferai autant pour les juifs ou n'importe quelle autre religion.

Revue des Deux Mondes – Il y a quelques années, vous défendiez le droit à l'islamophobie, vous avez changé.

Jean-Luc Mélenchon Nous sommes des militants politiques. Notre problème à nous, c'est l'accès à la conscience et à la manière de la transformer. La haine des musulmans prétend contrôler leur pratique religieuse. Moi, j'ai dit que c'est un droit constitutionnel et que je refuse d'organiser la police du vêtement.

Revue des Deux Mondes – Vous ne pensez pas qu'il y a une régression de la laïcité et du féminisme dans les quartiers populaires quand il y a de plus en plus de femmes qui se voilent ?

Jean-Luc Mélenchon La bigoterie des quartiers bourgeois ne vous choque pas ? Que voulez-vous que je fasse ? Moi, je suis un homme politique. C'est une bataille de convictions. Je m'occupe de la loi. Et il ne peut pas être question d'interdire de se mettre un foulard sur la tête. On ne va pas créer de police du vêtement.

Revue des Deux Mondes – Ce n'est pas un vêtement comme un autre. Il y a des femmes qui sont emprisonnées parce qu'elles refusent de le porter.

Jean-Luc Mélenchon Et les perruques ? Et les mantilles ? Vous croyez que je suis d'accord ? Mais je défends la liberté de la foi.

Revue des Deux Mondes – C'est le symbole de la pénétration d'un islam identitaire, politique, et qui change aussi la configuration de la place de la femme dans ce pays.

Jean-Luc Mélenchon Moi, j'ai des copines musulmanes qui portent un foulard, d'autres qui n'en ont pas et des copines très pratiquantes qui n'ont pas de foulard sur la tête. J'ai beaucoup de mal à accepter votre discours aussi unilatéral. C'est pour ça que je réagis aussi passionnément parce que la critique du sort des femmes dans l'Église catholique, la critique du sort des femmes dans la religion juive, vous n'en parlez jamais. Alors je ne crois pas à la sincérité de votre critique.

Revue des Deux Mondes – Il y a des islamistes qui ont appelé à voter pour vous. Comme Hani Ramadan. Pourquoi, selon vous ?

Jean-Luc Mélenchon Les musulmans quand ils votent Macron au second tour c'est bien, mais quand ils votent pour moi qui défends le droit d'être musulman, ce n'est pas bien ? On fait la liste des religieux qui ont appelé à voter contre moi ?

Revue des Deux Mondes – Il y a une vingtaine d'années, il n'y avait pas trop de difficulté à sensibiliser les jeunes issus des banlieues à la République. Aujourd'hui, ils sont de plus en plus amenés à écouter les discours de prédicateurs religieux... Quand vous allez à une manifestation sur l'islamophobie, au fond, vous ne craignez pas de donner un signe positif à ces gens ?

Jean-Luc Mélenchon Je pense que c'est l'inverse. Ceux qui sont hostiles à cette manifestation donnent un signe. Ils se disent : oui on a le droit de tirer sur des musulmans à la sortie des mosquées.

Revue des Deux Mondes – On parle du droit de critiquer l'islam...

Jean-Luc Mélenchon Mais qui a dit qu'on n'avait pas le droit de critiquer ? Est-ce que moi vous m'entendez dire ça ? Mais moi j'aurais fait mon boulot de républicain en empêchant la destruction de ce peuple explosé par la guerre de religion que les réactionnaires veulent déclencher. Dans la patrie républicaine, tout le monde a le droit à la liberté de conscience et à la liberté du culte

Revue des Deux Mondes – Il y a aussi la liberté d'expression...

Jean-Luc Mélenchon En effet. Celle de chacun et pas seulement ceux de la bonne religion. Je mets en alerte sur la manière de mettre en cause les religions de façon offensante. Si je vous dis que je ne pratique plus l'anticléricalisme que j'ai pratiqué quand j'avais 20 ans, c'est parce que j'ai compris que c'était offensant de fermer les esprits par des insultes au lieu de les ouvrir avec des raisonnements. Je défendrai le droit des musulmans à pratiquer leur religion comme ils l'entendent. Quel que soit l'avis que je peux avoir sur des pratiques religieuses, toutes les pratiques religieuses, je le garde pour moi, parce que j'en connais la contrepartie. Tout ce qu'on demande aux gens, c'est de respecter la loi. La loi interdit que les signes religieux soient présents à l'école. Les mineurs doivent être à l'abri des pressions politiques, religieuses à l'école. Point final.

Revue des Deux Mondes – Cette ouverture vers les religions vous rapproche de Robespierre finalement qui combattait l'athéisme des hébertistes ?

Jean-Luc Mélenchon Ce n'est pas mon sujet. J'ai le sentiment d'un danger pour la patrie et je m'efforce de me positionner de la manière que je trouve la plus raisonnable pour protéger l'unité du pays. Je suis très fier que des millions de musulmans voient en moi un homme honnête qui défend aussi leur droit à la religion.

Revue des Deux Mondes – Parlons de la nation. Quelle en est votre conception ?

Jean-Luc Mélenchon Ma définition de la nation est politique. Et elle s'inscrit dans une tradition française très établie. La nation s'est constituée par des ruptures et non pas par des continuités. Avant 1789, il n'y a pas de nation. Nous avons le royaume de France. « Vive la nation ! », c'est un cri révolutionnaire.

Revue des Deux Mondes – Mais la France n'est pas née en 1789. Elle est aussi un pays d'histoire, de traditions, de paysages, de cuisine, de choses qui se sont accumulées au fil des siècles. Cela vous parle ?

Jean-Luc Mélenchon Pourquoi voulez-vous m'attribuer des positions ridicules ? La tradition existe. Je ne suis pas contre les paysages à quoi vous réduisez la nation. Si on pouvait éviter de les défigurer avec des monuments religieux, ça m'arrangerait. Mais qu'est-ce qui nous relie tous ? C'est le principe « Liberté, égalité, fraternité ». La nation française existe dans la République française : plus de République, plus de nation française. Pour moi, le régime pétainiste n'est pas un régime français, c'est un régime de coup de force fasciste. Il n'y a pas de compromis possible sur ce plan dans l'histoire. J'ai milité et finalement eu gain de cause pour que notre mouvement réintègre l'histoire nationale révolutionnaire comme son propre patrimoine.

Revue des Deux Mondes – Est-ce qu'on peut parler de la créolisation ? Quelle définition lui donneriez-vous ? Comment concilier nation et créolisation ?

Jean-Luc Mélenchon Certains arrivent à nous amener à une conception de la nation fermée, unique, identitaire, ne reposant que sur la tradition. Je suis contre. La créolisation ne dit pas qu'il n'y a pas de tradition, c'est l'inverse. Puisque la créolisation, c'est un mélange. Mais la créolisation est un processus culturel qui – que vous le vouliez ou non – se produit tous les jours. Je l'oppose à la France éternelle, fixée par ses traditions et sa religion dominante. La créolisation est un concept emprunté au poète Édouard Glissant. Que veut dire ce concept ? Que les gens mélangent leur culture et font surgir d'une manière imprévue une nouvelle culture commune. Le pays roi, le pays phare, le pays modèle, le pays exemplaire, le pays hors du commun qui pratique ça, c'est la France et elle le pratique de manière institutionnelle. Le pays de la créolisation s'est fait depuis les origines « gallo-romain » « l'innutrition », etc.

Revue des Deux Mondes – Avez-vous eu le sentiment d'être entendu sur ce concept ?

Jean-Luc Mélenchon Mes adversaires en ont immédiatement fait autre chose. Surtout Zemmour. L'extrême droite a assimilé la créolisation au grand remplacement.

Revue des Deux Mondes – Quelle est votre position sur la question de l'immigration et de la régulation des flux migratoires ?

Jean-Luc Mélenchon Je trouve que ce n'est pas un sujet intéressant. Quand il y a des crises, on s'en prend aux immigrés. On connaît : les Polonais, les Italiens… Alors maintenant, ce sont des musulmans qui viennent du Maghreb. Je pense que c'est parce que l'extrême droite a su mener ses batailles mieux que la gauche qui n'a rien fait et qui a passé son temps à se cacher sous la table. À La France insoumise, on n'a jamais dit que nous étions « *no border* », par exemple. Notre position à nous, c'est qu'il faut tout faire pour que les gens ne partent pas de chez eux. Mais, une fois qu'ils sont en route, puis qu'ils arrivent ici, on doit les traiter humainement. Et puis, vous savez très bien quelle est la réalité. Tout le monde est hypocrite. S'il n'y avait pas d'immigration, on aurait un problème gigantesque de main-d'œuvre. J'essaie d'introduire un point de vue rationnel en disant à ceux qui s'opposent aux migrants : « Mais qu'est-ce que vous comptez en faire ? Les rejeter à la mer ? » Tout ça est absurde.

Revue des Deux Mondes – Dans les rangs de La France insoumise, de la Nupes, il y a de nombreux militants décoloniaux qui dénoncent ce qu'ils appellent l'« appropriation culturelle ». D'après eux, on n'aurait pas le droit, si on est blanc, de jouer de la musique du patrimoine noir, si on est un créateur de mode blanc, on ne devrait pas s'inspirer de codes vestimentaires noirs, etc. C'est exactement l'inverse de votre idée de « créolisation » et des phénomènes d'acculturation.

Jean-Luc Mélenchon Je ne suis pas omniscient, et modestement, je suis en formation permanente. Donc, par exemple, je ne sais pas ce que veut dire cette « appropriation culturelle ». La plupart des thèmes qui aujourd'hui occupent le devant de la dispute m'étaient parfois totalement inconnus hier. Il faut accepter de se faire bousculer. Au début, lorsqu'il a été question de déboulonner les statues, j'ai fait un bond. À quoi ça sert? Puis j'ai écouté ceux qui le proposaient et j'ai compris. Ces militants ont fait œuvre utile et ils nous obligent à penser. Célébrer des meurtriers n'est pas défendable. Même si la forme peut nous paraître excessive, elle démasque les hypocrisies. Qui propose de réinstaller les statues que pétainistes et nazis ont détruites?

Revue des Deux Mondes – Ces questions ne révèlent-elles pas que notre société est de plus en plus politiquement correcte ?

Jean-Luc Mélenchon Nous, politiques, nous devrions être des saints. Je suis révulsé surtout par l'abominable inquisition que ça introduit. C'est terrifiant. Des jugements se font sur les réseaux sociaux, sur des personnes en deux secondes, elles sont classées, catégorisées. Il y règne une violence sectaire, absurde, aveugle, avec une prime permanente à l'orthodoxie du bien-parler comme s'il correspondait à un bien-pensant. Comme si, dans le monde, il n'y avait pas le droit à l'erreur. Qu'est-ce que je peux faire? rien, tenir bon! Pour moi, l'unité de la patrie républicaine, c'est la dernière ligne de résistance. C'est le dernier endroit où il faut se tenir baïonnette au canon. Je dis ça à mes ennemis.

La vie a tellement changé. Nous avons subi une déroute idéologique et intellectuelle en grande partie liée à l'effondrement de l'URSS dont on avait naïvement cru que ça ne concernait que les Russes, mais qui a détruit un monde symbolique et idéologique en même temps.

Revue des Deux Mondes – Dans les mois qui viennent, pensez-vous pouvoir amplifier encore la dynamique qui fut la vôtre lors de la présidentielle et des législatives ?

Jean-Luc Mélenchon Nous sommes à l'offensive. Nous contaminons tout le monde avec notre vocabulaire. On parle de planification écologique, de règle verte, de biens communs, d'un intérêt général humain. Ce sont des vieux concepts. Nous les avons ressourcés, réhabilités. C'est au point que maintenant, le discours écologique le plus complet, le plus radical, il est ici, chez nous, plutôt que chez Europe-Écologie-Les Verts. En ce moment, c'est nous qui avons la main. Est-ce qu'on l'aura assez longtemps pour doubler l'extrême droite ? Cela va se jouer entre les principes que nous portons et les principes qu'ils portent. Hélas pour moi, j'ai dix ans de trop !

LES GERMES DE LA VIOLENCE RÉVOLUTIONNAIRE

› **Patrice Gueniffey**

Nul ne peut dire de quoi demain sera fait. Les historiens peut-être moins que les autres. Ils sont trop accoutumés à prédire le passé pour ne pas hésiter au moment de faire un pari sur l'avenir. Du reste, à ce jeu, même les plus au fait de l'actualité peuvent se tromper. Qui, la veille de l'invasion russe de l'Ukraine, était certain que Poutine allait franchir le Rubicon ? Les Américains, c'est vrai. Une fois n'est pas coutume.

Les philosophies de l'histoire avaient du bon. Grâce à elles, tout était clair, prévisible et pourvu d'un sens. Leur disparition à la fin du XXe siècle a soudain obscurci l'avenir. Tandis qu'elles inclinaient à négliger ce qu'elles considéraient comme la surface des choses, comme l'écume des évolutions historiques décisives, nous accordons aujourd'hui, et à juste titre, plus d'importance au désordre des événements. L'instantanéité de l'information n'arrange pas les choses. Du coup, nous perdons de vue l'arrière-plan. Nous le savons aujourd'hui, l'histoire n'obéit à aucune loi. Mais cela ne veut

Patrice Gueniffey est directeur d'études à l'École des hautes études en sciences sociales. Dernier ouvrage publié : *Napoléon et de Gaulle. Deux héros français* (Perrin, 2017).

pas dire pour autant qu'il faudrait la considérer, avec Shakespeare, comme « un récit conté par un idiot, plein de bruit et de fureur, et qui ne signifie rien ».

Tocqueville, qui fut l'analyste aussi perspicace des désordres de son temps – la Révolution de 1848 – que de la démocratie qui travaillait sourdement les sociétés modernes, avait coutume de dire que « l'homme, dans ses vastes limites, est libre ». Si l'avenir immédiat échappe au jeu des pronostics, il n'en va pas de même des grandes évolutions dont notre monde est la proie. Nos sociétés doivent parcourir leur cycle, comme une pierre lancée en l'air avant de retomber au sol.

Il existe aujourd'hui une fâcheuse tendance à déchiffrer le présent avec les idées et les représentations d'hier. Jamais on n'a autant entendu parler de « citoyenneté », de « civisme », de « démocratie », de « laïcité » et de « révolution » que depuis que les choses correspondant à ces mots ont disparu. Singulière époque… On y emploie des mots qui n'évoquent plus que des souvenirs, tandis qu'on en invente d'autres pour désigner la réalité sans vraiment la nommer : ainsi la « ruralité », ainsi les « quartiers », ainsi l'« islamisme radical », ainsi les « réfugiés ». On en rirait bien volontiers si l'effet de cette novlangue faite de périphrases et de termes sans emploi n'était de conférer au débat public le caractère surréaliste qu'on lui connaît aujourd'hui.

Ainsi la « révolution ». Le mot est mis à toutes les sauces. Je me souviens qu'après 1968, à une époque où la passion révolutionnaire n'était pas encore tout à fait éteinte, il était devenu l'un des arguments publicitaires les plus répandus pour vendre voitures ou machines à laver. En 2016, Emmanuel Macron vendit sa candidature à l'élection présidentielle de 2017 avec un livre intitulé « Révolution ». On ne sait qui lui avait soufflé cette idée saugrenue. L'histoire est ironique. Un an plus tard éclatait le mouvement des « gilets jaunes », lequel semblait donner un coup de jeune à une idée révolutionnaire qui avait déserté les terres occidentales depuis la fin des années soixante-dix. Depuis, c'est une litanie : sommes-nous à la veille d'une révolution ? d'un nouveau soulèvement populaire comme celui de 2018 ? Voire de 1789 ? Je n'invente rien, je l'ai lu.

Il faut dire que notre histoire nous a appris à voir les prémisses de la révolution dans la réunion d'un certain nombre de conditions dont on ne peut nier qu'elles sont réunies aujourd'hui.

D'abord une crise des institutions, lancinante depuis l'adoption du quinquennat et celle du traité de Maastricht, sans compter ce véritable coup d'État que fut, en 2007, la révocation parlementaire du résultat du référendum de 2005. La légitimité d'un régime politique repose bien sûr sur la Constitution dont il procède, mais elle est avant tout attachée au fait de respecter les règles qu'il s'est fixées.

Ensuite, un déficit de légitimité dont les seuls chiffres électoraux attestent la réalité : participation électorale en berne, désaffection d'un peuple qui, de plus en plus, comme dans la France à la veille du coup d'État de Bonaparte en 1799, vit à part de ses institutions, président élu en réalité par tout juste 20 % des inscrits.

Enfin, une crise de plus ou moins court terme susceptible de servir de catalyseur au mécontentement. Ne manque plus alors que l'étincelle, l'incident imprévisible, qui mettra le feu aux poudres.

C'est ainsi que la situation dégénéra en 1789 : une monarchie dont, certes, personne ne pouvait imaginer qu'elle allait disparaître, mais usée par les conflits à répétition avec la magistrature des parlements ; une crise des finances publiques à laquelle l'obstruction des privilégiés empêchait de trouver la moindre solution ; enfin une crise des subsistances qui, en 1788-1789, provoqua l'explosion.

Faut-il alors nous résoudre à faire nos valises pour échapper aux sans-culottes dont notre société ne manque malheureusement pas ?

La révolution comme manifestation de désespoir est un mythe forgé par les révolutionnaires eux-mêmes. Les historiens ont depuis longtemps montré que la situation économique ne fut pas déterminante en 1789. La révolte des « gilets jaunes » fut, au contraire, une authentique manifestation de désespoir. Mais, justement, ce ne fut pas une révolution, plutôt l'une de ces jacqueries si fréquentes dans l'histoire de France, lorsque les paysans marchaient sur les bureaux du fisc, détruisant les registres, incendiant les bâtiments et lynchant parfois quelques commis qui n'avaient pu leur échapper. Voulaient-ils faire la révolution, changer l'ordre existant, s'emparer du pouvoir ?

non, ils demandaient justice et réparation. C'était un appel au secours lancé au roi afin qu'il les protège contre ses mauvais ministres et restaure l'ordre juste des choses. Les « gilets jaunes » du XXIe siècle sont les lointains descendants des Jacques du XVIIe. Entre les seconds et les premiers, une parenthèse de trois siècles où la révolution fut, à l'inverse, à l'ordre du jour.

C'est au XVIIIe siècle qu'on était passé de la révolution comme restauration – revenir à un état antérieur plus conforme à l'ordre naturel ou voulu par Dieu – à la révolution comme projet ou refondation de l'État et de la société. Les révolutionnaires de 1789 ne réclament pas la fin des abus ou la réparation d'une injustice, ils récusent en bloc le passé et affirment leur volonté de recommencer l'histoire, de reconstruire l'édifice de la cave au grenier. On admettra volontiers que l'idée de la table rase provoqua, pendant deux siècles, des tragédies sans nom et que la chute de l'Union soviétique en 1991 mit un point final à une histoire qui se résuma à une immense hécatombe, mais on reconnaîtra tout aussi volontiers qu'il y avait de la grandeur dans cette tragédie.

La révolution était porteuse d'une idée du bien commun. Certes, le triomphe de cette idée passait ici par l'élimination des aristocrates, là par celle des *koulaks*, mais son but était de redéfinir le lien social. Elle était une aventure collective au service d'un plus grand bien, tel que les révolutionnaires le concevaient. La révolution fut longtemps une espérance, que soutenaient foi dans le progrès, croyance en l'efficacité de la volonté politique et conviction partagée que les hommes ont le pouvoir de déterminer, au moins en partie, leur avenir.

Pas de révolution sans espérance ; pas de révolution sans confiance dans l'avenir ; pas de révolution sans volontarisme.

On se demande comment une révolution – au sens d'invention – serait possible aujourd'hui. La révolte oui, et l'avenir nous dira si l'épisode des « gilets jaunes » fut un incendie sans lendemain ; mais une révolution ? Depuis la chute du communisme qui emporta dans la tombe la mythologie des lendemains qui chantent, le volontarisme historique qui enflamma tant de jeunes gens pendant deux siècles et les lança à l'assaut des moulins de Daudet – « Cours, camarade, le vieux monde est derrière toi! » – s'est changé en un fatalisme désespérant, sinon toujours dépourvu de causes: tyrannie de l'économie, inquiétude écologique, sourde angoisse civilisationnelle…

Les sociétés occidentales, et la nôtre en particulier, sont travaillées par deux forces parfaitement antirévolutionnaires car ennemies de toute forme de bien commun: la logique sans fin de l'individualisation démocratique et une immigration de masse dont nous n'avons encore vu que les balbutiements. Ces deux mouvements n'unissent pas, ils séparent, ils fragmentent. Tandis que l'un isole chaque individu dans la sphère – extensible – de ses droits subjectifs, au point de le ramener à sa condition présociale – la race, le genre –, l'autre dissout les relations de fraternité et de confiance sans lesquelles il n'est pas de société viable.

Prétendre que nous formons encore une communauté civique, que nous sommes encore des concitoyens serait très exagéré. Nous cohabitons sur le même territoire. Nous ne sommes plus un peuple. Le ciment qui nous liait – souvenirs, traditions, habitudes – s'effrite aussi vite que la banquise fond.

Quel projet commun concevoir? Quelle volonté commune imaginer? Bref, comment concevoir une révolution qui serait autre chose qu'une accumulation de désordres et de révoltes privés de mots? Notre démocratie a fait naufrage et nous ne le savons pas. Si ce régime consiste dans la recherche collective du bien commun, nous en sommes loin. Nous sommes aujourd'hui dans la situation de ces sociétés qu'un pouvoir surplombe, chargé d'arbitrer entre les revendications concurrentes et hostiles des individus et des communautés, et d'y maintenir un semblant de cohésion. Et puis, soyons sérieux: des trentenaires à trottinette pour succéder à Robespierre ou Trotski?

« LA RÉPUBLIQUE A DE LA CHANCE, ELLE PEUT TIRER SUR LE PEUPLE »

› **Jacques de Saint Victor**

Nous vivons depuis le début du XXIe siècle dans une société paradoxale. Nos lois et nos mœurs condamnent avec vigueur la moindre expression de violence symbolique, s'appuyant sur des associations traquant – sur les fondements de la loi Pleven (1972) – les propos malséants, les « dérapages verbaux », condamnant même certains pour avoir révélé des vérités gênantes qui, quelques mois plus tard, se trouvent admises par le plus grand nombre. Mais notre société, tout au moins une fraction de sa petite sphère intellectuelle, s'est remise à glorifier ceux qui considèrent que la *violence révolutionnaire*, c'est-à-dire la violence physique, est légitime pour parvenir à « des lendemains qui chantent ». Comme l'écrivait récemment Geoffroy de Lasganerie, un philosophe régulièrement invité sur le service public radiophonique, « il ne faut se faire aucune illusion sur le pouvoir du dialogue et de la conviction. Il y a des moments où seule la force est susceptible d'infléchir le cours des choses » (1). Cet appel révolutionnaire au coup de force est assez troublant et se rapproche des théories de la violence que mirent en pratique en Occident les *squadristes* et autres révolutionnaires aux chemises noires du début du siècle dernier. Nous en arrivons à cette bizarrerie que la violence symbolique est parfois plus mal jugée que la violence physique puisque, au nom des théories du « langage performatif », les propos brutaux, pour ne pas dire haineux, semblent nous gêner tout autant, voire plus, que des actes violents – pourvu qu'ils soient inspirés par une noble cause « révolutionnaire ». Nous traquons la plus petite maladresse sémantique, ou l'image choquante (qui aurait pu imaginer qu'un demi-siècle après Mai 68 des autorités administratives en seraient arrivées à vouloir interdire le porno qui existe dans notre imaginaire depuis la plus haute Antiquité ?), alors que nous considérons avec une certaine compréhension, surtout s'ils sont marginaux, ceux qui portent atteinte à l'intégrité et parfois même à la vie d'autrui.

Au fond, malgré une parenthèse de quarante ans de triomphe des « droits de l'homme », certains en sont revenus à la bonne vieille justification léniniste de la violence révolutionnaire. « La révolution n'est pas un dîner de gala. » Oubliés Simone Weil et son fameux « Plus il y a de violence et moins il y a de révolution ». Désormais, la non-violence s'apparente à nouveau chez les esprits avancés à une sorte de prudence « petite-bourgeoise », à ranger dans les placards de l'histoire de la domination. Certains n'hésitent pas à piétiner la loi démocratique. Ainsi, toujours le même Lagasnerie affirme que la « légalité n'importe pas », estimant que la « question de la violence ne doit jamais être discutée du point de vue de la légalité » (sic) (2). On en revient à la fascination aveugle de certains intellectuels égarés à la Jean-Paul Sartre mais qui avaient au moins le mérite de croire que leur violence servait un juste combat pour la décolonisation. Aujourd'hui, la violence se justifierait par les positions « d'invisibilisation » de certaines catégories. C'est plus que flou et surtout extensible *ad nauseam*. On peut même étendre cette complaisance à la plus prosaïque expression de la violence de rue puisque, à l'occasion de récents épisodes de refus d'obtempérer lors de contrôles policiers qui se sont conclus dramatiquement, il a été remis en cause le monopole étatique de la violence légitime. Le hashtag #LaPoliceTue a été repris

Jacques de Saint Victor est historien du droit, professeur des universités et critique littéraire. Il a écrit plusieurs essais sur le crime organisé, dont *Un pouvoir invisible. Les mafias et la société démocratique (XIXe-XXIe siècle)* (Gallimard, 2012) qui a obtenu plusieurs prix, et une *Histoire de la République en France* (avec Thomas Branthôme, Economica, 2018). Dernier ouvrage publié : *Casa Bianca* (Équateurs, 2019).

en boucle par les bons esprits, les mêmes qui se réclameraient par ailleurs sans difficulté du combat des droits de l'homme, y compris certains élus de la nation. Désormais, en France, la violence redeviendrait légitime, sauf pour ceux qui en ont, de par la loi, l'usage légitime.

Cela n'est pas sans faire songer à la légitimation de la violence qui a longtemps été le propre du mouvement révolutionnaire depuis 1789 et qui avait fini par connaître un coup d'arrêt avec l'émergence puis le triomphe du mouvement antitotalitaire à la fin des années soixante-dix. Le degré de tolérance des « esprits éclairés » à l'égard de la violence avait largement été remis en cause, après la prise de conscience des dérives révolutionnaires, staliniennes et maoïstes. Gandhi faisait plus recette que Lénine, Condorcet triomphait de Robespierre et des chantres de la Terreur. C'était le moment 1989. Bicentenaire de la Révolution oblige. Chute du Mur et des idéaux totalitaires aussi.

Trente ans plus tard, tout cela semble fragilisé. Certes, le leader de la Nouvelle Union populaire écologique et sociale (Nupes), Jean-Luc Mélenchon, reste sur cette ligne pacifique des années soixante-dix lorsqu'il se déclare contre la « violence révolutionnaire ». Mais qui peut croire qu'un peuple en fureur se contente d'une nouvelle Constituante ? On sait ce qu'il en fut après la Constituante de 1791. Elle conduisit par étapes successives à la Convention de 1793 puis à la Terreur. Cette dérive n'est pas une hypothèse impossible dans la mesure où la Terreur est revenue à la mode, Robespierre fait l'objet d'un culte qui rappelle la vieille époque du « catéchisme révolutionnaire », celle de Mathiez et de Soboul (« Maximilien, victime des hypocrites thermidoriens », air connu), certains historiens poussent même jusqu'à Marat (qui serait après tout victime d'une folle furieuse si les femmes ne devaient pas faire l'objet d'un culte particulier), Théroigne de Méricourt essaie de profiter du prestige d'Olympe de Gouges et il n'y a plus qu'Hébert qui peine encore à trouver son laudateur, peut-être parce que son style, mêlant l'invective et l'attaque physique, ne correspond plus à notre aversion pour la violence symbolique, alors que *Le Père Duchesne* a tant caractérisé la presse révolutionnaire pour inspirer ensuite la presse d'extrême droite avec *L'Action française* de Maurras. C'est le retour du « catéchisme révolutionnaire », réhabilité avec des propos sans originalité, profitant de l'inculture dominante pour reproduire une petite musique qui avait été balayée par François Furet et l'école anglo-saxonne d'Alfred Cobban. Qu'importe. Ce qui compte, c'est de faire du neuf avec du vieux. Il est vrai qu'entre-temps nos défenseurs des droits de l'homme les plus en vue n'ont pas été des modèles. On les a vus depuis le début du XXIe siècle défendre l'intervention militaire des États-Unis en Irak, contre toutes les règles les plus élémentaires du droit international. Ce fut un tournant décisif. Une partie du discours humanitaire a été déconsidérée. On a retrouvé certains de ces hérauts pousser à la guerre en Libye puis dans tout le Moyen-Orient. Bref, le combat droit-de-l'hommiste ne serait plus, selon certains, que le masque hideux d'un Occident hypocrite contre le reste du monde. Il ne serait plus légitime et, puisque le monde n'est plus qu'un rapport de force, alors revenons à la justification de la violence !

À cette triste rhétorique s'ajoute le discours de la violence cathartique. Il existerait un droit à la vengeance pour certains opprimés. Les descendants de peuples soumis, notamment par la violence coloniale, pourraient se soulager des souffrances passées – le plus souvent méconnues par les individus qui s'en revendiquent mais reposant sur des identités imaginaires ou interprétatives (les « fils de » ou les « descendants de »). C'est Sartre, dans sa préface des *Damnés de la terre* de Fanon, affirmant qu'il faut laisser éclater la colère et la haine. Le droit au pardon ou à l'oubli, surtout à l'égard des héritiers (ou supposés tels) de crimes dont ces derniers sont innocents, qui fondait depuis les Grecs le socle de la civilisation, à travers notamment l'institution de la prescription – *il tempo è galantuomo* –, se transforme en une sorte de droit moral imprescriptible à la vengeance.

La « bonté d'âme »

Ce retour en force de la violence révolutionnaire, *via* les *black blocs* et autres groupuscules activistes, est-il gros de conséquences dramatiques ? L'historien n'est jamais capable de prédire l'avenir mais il peut s'appuyer sur le passé pour essayer de formuler quelques hypothèses. La violence révolutionnaire relève, dans notre histoire, de trois ordres spécifiques qu'il ne faut pas confondre (3). Il y a d'une part la « violence sauvage », lynchages ou massacres, typiques de la férocité spontanée et collective qui relève, chacun le sait depuis René Girard, d'une sorte de besoin immémorial de trouver un bouc émissaire et de le sacrifier pour retrouver la cohésion du groupe. Ce furent les massacres de l'été 1789, la fameuse Grande Peur, ou les « massacres de septembre », voire ceux plus méconnus des « journées d'octobre », lorsque Jourdan Coupe-tête décapitait les gardes du corps de la reine dans la cour de marbre puis dans le Comtat Venaissin (il fut en France l'un des derniers égorgeurs révolutionnaires avant l'assassin tchétchène de Samuel Paty), mais cette sauvagerie n'est pas propre aux révolutions. Pour faire face à la peste, à la défaite militaire, à des drames climatiques, il y a toujours eu ce genre de violence populaire qui est fort différente de la violence terroriste telle qu'elle fut pensée à partir de 1792, après les massacres de septembre (même si certains, notamment à Paris, l'avaient théorisée dès 1789). Ayant ouvert la boîte de Pandore de la frénésie révolutionnaire, certains acteurs prirent la mesure du danger. Le mot fameux de Danton, lançant « Soyons terribles pour dispenser le peuple de l'être », ouvre une nouvelle séquence, celle du Tribunal révolutionnaire et de la violence d'État, la fameuse « Terreur », destinée à frapper les esprits. Cette violence terroriste, avec les iniques lois de Prairial, a une fonction politique bien déterminée. On trouve enfin en révolution un troisième type de violence, qui regroupe ces deux types de brutalité, mélange de violence primitive et de visée terroriste, pour aboutir à l'extermination pure et simple de groupes spécifiques. La Révolution française a inauguré cette pratique avec la Vendée mais elle s'est bien entendu développée de façon plus « industrielle » avec les totalitarismes du « court XXe siècle ». Reconnaissons, jusqu'à présent, que cette violence ultime n'est pas encore ouvertement revendiquée par les nouveaux thuriféraires de la violence révolutionnaire. Mais il n'empêche que des pans croissants d'esprits « avancés » ne rejettent plus la violence sauvage qui est aussi acceptée par d'autres comme une forme « défensive », au nom de la nécessité de combattre un système qui serait encore plus violent. « La violence n'est pas un choix », disent-ils, en justifiant une « violence de résistance » face à « l'oppression capitaliste ».

Sur quoi peuvent déboucher de telles dérives dans la société française qui se réjouit d'avoir échappé aux « années de plomb » (à la différence de ses voisins) mais qui a toujours été une société assez violente depuis 1789 ? L'État de droit impose aux citoyens moyens de renoncer à toute forme de violence, notamment symbolique. Mais la « bonté d'âme » que cette législation impose aux citoyens peut être ambiguë. Clausewitz nous a avertis sur les dangers de la « bonté d'âme » dans ce schéma qu'il appelle la « montée aux extrêmes » et qui est l'aboutissement même de la violence (de guerre sociale, de guerre civile ou de guerre *tout court*) : « Il n'y a pas de limite à la manifestation de cette violence. Dans une affaire aussi dangereuse que la guerre, les erreurs dues à la *bonté d'âme* sont précisément la pire des choses *[...]*. Celui qui use sans pitié de cette force et ne recule devant aucune effusion de sang prendra l'avantage sur son adversaire, si celui-ci n'agit pas de même. » C'est par « bonté d'âme » que Louis XVI a perdu son trône. C'est par « bonté d'âme » que la gauche pacifiste des années trente n'a pas voulu combattre Hitler quand il en était encore temps. C'est par « bonté d'âme » que la Cour européenne des droits de l'homme nous impose de rapatrier les femmes de terroristes partis en Irak rejoindre l'État islamiste.

Mais ceux qui nous imposent aujourd'hui cette « bonté d'âme », tout en procédant à un nouvel éloge de la violence révolutionnaire, devraient se méfier : il n'est pas sûr qu'ils en soient toujours les gagnants. Car le pouvoir aussi sait employer la violence. Et il n'est pas toujours hésitant. L'exemple français l'illustre. À partir de 1795, les élites républicaines qui ont remplacé celles de l'ancien monde ont parfaitement tiré les leçons de cette *montée aux extrêmes* qui les avait portées au pouvoir. C'était le sens de la boutade de Louis-Philippe apprenant en exil à Londres la répression féroce du gouvernement républicain de Cavaignac contre les émeutes populaires de juin 1848 : « La République a de la chance, elle peut tirer sur le peuple. »

1. Cité par Virginie Gautier, *Mon fils n'est pas un assassin*, Robert Laffont, 2022, p. 168.
2. *Idem*.
3. Voir les travaux de Patrice Gueniffey, en particulier *La politique de la Terreur*, Gallimard, 2003 et l'article « Terreur », in Michela Marzano (dir.), *Dictionnaire de la violence*, PUF, 1264 et suiv.

RÉFLEXIONS DISPERSÉES SUR LA VIOLENCE DE DROITE ET LA VIOLENCE DE GAUCHE

› **Mathieu Bock-Côté**

Il existe un rapport asymétrique à la violence politique, selon qu'on l'associe à ce qu'on appelle la droite ou à celle qui s'appelle la gauche. La violence de la première est unanimement condamnée : elle serait en elle-même factieuse, la seconde est tolérée, ou même encouragée, lorsque les circonstances l'exigent.

Les rencontres internationales se multiplient, d'ailleurs, pour mettre en garde les sociétés occidentales contre les violences « racistes », « sexistes » ou « transphobes » : on parle des violences d'extrême droite – en France, on préfère parler d'ultra-droite, mais la distinction, globalement, relève de la nuance sémantique. Apparemment, elles représenteraient la première menace à la sécurité intérieure. Partout dans le monde occidental se constitueraient des groupes suprémacistes prêts à s'en prendre aux gouvernements, ou du moins, aux minorités (1). Il n'est pas interdit de croire que cette narration souvent théâtrale d'une

Mathieu Bock-Côté est sociologue, essayiste, éditorialiste et chroniqueur. Dernier ouvrage publié : *La Révolution racialiste et autres virus idéologiques* (Presses de la Cité, 2021).
› Twitter @mbockcote

insurrection à venir serve à relativiser par effet de contraste la violence islamiste, souvent ramenée, par le génie du système médiatique, à une série de faits divers sans trop de liens entre eux, ou relevant alors de dérèglements psychiatriques graves, et se dérobant, pour cela, à l'analyse politique.

La dénonciation de la violence d'extrême droite n'est pas centrée exclusivement sur les actions des groupes qui appartiendraient à cette mouvance. Sont dénoncés avec tout autant de vigueur les « discours haineux » qui lui créeraient un terreau favorable : il s'agit dès lors de désigner à la vindicte publique les intellectuels, les éditorialistes, les chroniqueurs, les polémistes, les écrivains s'éditant à compte d'auteur, mais aussi les partis qui tiendraient de tels discours. On plaidera aussi pour la mise en place de lois pour criminaliser ou du moins pénaliser juridiquement de tels discours – on peine toutefois à caractériser le discours haineux, sinon à la manière d'un propos critiquant marquant un clair désaccord avec ce qu'on appelle aujourd'hui les revendications minoritaires. Par exemple, s'opposer à la disparition des sexes dans les formulaires administratifs de l'État ou contester l'idéologie trans voulant qu'un homme puisse devenir une femme (ou l'inverse) sera potentiellement interprété comme un discours haineux, favorisant des gestes haineux. Le discours haineux, ainsi défini, devient en lui-même un acte de violence poussant à la reconduction d'un ordre social discriminatoire fondé sur la persécution des différentes minorités (2).

Il n'en est pas de même de la violence de gauche. Celle des antifas est probablement la plus visible aujourd'hui. On notera d'abord qu'il s'agit d'une violence revendiquée, assumée, théorisée, comme on peut le constater en s'aventurant dans les écrits des intellectuels antifas, souvent publiés par des maisons d'édition que l'on juge recommandables. Les antifas l'expliquent sans gêne : ils font de la violence un instrument nécessaire dans la construction d'un dispositif inhibiteur décourageant l'expression d'idées qu'ils jugent « fascistes » dans nos sociétés – le problème étant évidemment que le fascisme, dans leur perspective, est assimilable à toute forme de conservatisme, de patriotisme, et plus largement, à toute forme de résistance ou de scepticisme aux revendications auxquelles ils s'associent. Ils multiplient les attaques contre les conférenciers jugés réactionnaires en sachant que la société libérale dénoncera dans un premier temps cette politique de censure puis se lassera de défendre le droit à la parole de ceux qu'elle réprouve, par ailleurs. Ils misent explicitement sur une culture de l'intimidation : le prix à payer pour inviter ces conférenciers devenant de plus en plus élevé, les groupes voulant s'associer à eux seront de moins en moins nombreux. La violence de gauche prend aussi le visage de la foule lyncheuse *woke*, très présente sur les campus américains, qui rassemble moins des militants qu'une masse mutante d'individus hystérisés idéologiquement, et prenant au sérieux l'idée selon laquelle certains discours, même calmement exprimés et argumentés, représentent en soi une violence pour les groupes minoritaires, et qu'il serait dès lors nécessaire et légitime de prendre tous les moyens nécessaires pour qu'ils n'aient pas accès à une tribune – il faudrait les « déplateformer », et comme on dit aujourd'hui, les « canceller ».

Le traitement asymétrique des violences

La mouvance antifa agit souvent dans l'indifférence totale des médias. Mais lorsqu'il n'est plus possible de détourner le regard, le récit médiatique la déculpabilisera. Ainsi, même si les antifas attaquent un événement culturel ou politique, le récit médiatique rapportera plutôt des violences indéterminées, en en faisant souvent porter la responsabilité à l'agressé. On tracera même un trait d'équivalence entre les miliciens d'extrême gauche et le service d'ordre responsable de la sécurité de l'événement en expliquant que les détracteurs et les partisans de ce candidat se sont écharpés lors du rassemblement. Les violences engendrées par l'attaque d'un meeting d'un homme politique de droite deviendront, dans les médias, les violences au meeting de cet homme politique, comme s'il en était responsable.

La violence de l'émeute interpelle aussi différemment, selon qu'on la dise de droite ou de gauche. Avec raison, l'ensemble de la classe politico-médiatique occidentale a condamné l'émeute du

6 janvier 2021, qui a vu la frange fanatisée des partisans de Donald Trump chercher à s'emparer du Capitole. Elle n'a jamais, toutefois, montré la même sévérité au moment des émeutes raciales à répétition du printemps 2020, qui ont enflammé plusieurs grandes villes américaines en multipliant les scènes de pillage, parce que la cause à l'origine de ces violences était cette fois jugée légitime.

Il convient alors de se questionner sur la nature de ce traitement asymétrique des violences – alors que les violences politiques concrètes, réelles, viennent pour l'essentiel de la gauche, il faut le redire.

La première interprétation se veut philosophique, et se présente comme une théorie du changement social dans la modernité. Certains affirmeront que la violence de gauche est une violence accoucheuse de l'histoire – c'est ce que disait Marx, mais aussi Trotski, qui distinguait formellement la violence révolutionnaire, émancipatrice, permettant de liquider les catégories sociales résiduelles et le bois mort de l'humanité, et la violence contre-révolutionnaire, entravant l'avènement de la société sans classes, de la société idéale. Cette distinction n'est pas strictement muséale : la complaisance dont profite encore Alain Badiou dans le petit milieu intellectuel nous montre qu'une partie de l'intelligentsia, sans le dire ouvertement, juge encore favorablement la violence révolutionnaire, même dans sa forme la plus extrême et caricaturale.

Mais on peut aussi penser que cette asymétrie s'inscrit dans la nature même de ce que j'appelle le « régime diversitaire », qui se montre d'une grande violence symbolique envers les partis « populistes », qu'il extrême-droitise, fascise et même nazifie, en laissant toujours croire que les portes des enfers viennent de s'ouvrir en laissant des forces atroces en sortir, et qu'il est absolument urgent d'utiliser tous les moyens nécessaires pour les y reconduire. Dès lors, les militants antifas se présentent structurellement, sans que la chose soit jamais revendiquée ou théorisée, comme les milices du régime diversitaire, traduisant concrètement à coups de poing et de battes les slogans répétés sur la nécessité de sauver la démocratie contre le fascisme qui revient. Elles permettent de mater les adversaires du régime, surtout les plus sonores et les plus résolus.

On retrouve alors notre question inaugurale.

Le régime diversitaire, qui, de ce point de vue, ne fait que radicaliser la dynamique idéologique de la modernité, juge la droite fondamentalement mauvaise – au fond d'elle-même, elle dériverait naturellement vers l'extrême droite, si ce n'étaient des balises et des interdictions qui lui sont posées extérieurement. Puisque nous sommes officiellement en démocratie libérale, elle est tolérée comme un mal nécessaire, pour peu qu'elle ne soit qu'une gauche pâle ou une gauche au ralenti – dès lors qu'elle se charge d'un contenu substantiel et s'oppose non seulement aux dérives de la gauche mais à la gauche en elle-même, elle devient extrême droite.

Quant à la gauche, elle est fondamentalement juste, et ses excès relèvent non pas d'une nature perverse mais d'une bonté inflammée et désordonnée, qu'on ne saurait, en dernière instance, sérieusement blâmer.

1. Dans cette logique, les massacres terroristes comme ceux d'Utoya et de Christchurch deviennent la matrice d'une violence appelée à se répéter et à se multiplier partout en Occident. Je laisserai de côté, toutefois, dans ce texte, ce type d'attentats, qui relèvent du terrorisme, pour me concentrer sur les violences politiques « non meurtrières ».

2. Inversement, les authentiques violences verbales de la gauche, qui pourraient, sans trop d'imagination, être interprétées comme autant de discours haineux alimentés par un ressentiment antiblanc, antipolice, antioccidental ou antibourgeois, ne sont jamais théorisées comme discours haineux. N'en soyons pas surpris : le racisme antiblanc, par exemple, est décrété théoriquement impossible (car le racisme ne doit plus être pensé comme une idéologie mais comme un système affranchi de toute dimension intentionnelle reconduisant sans même qu'ils s'en aperçoivent les privilèges des Blancs au détriment des populations « racisées »). Le discours haineux, du point de vue du régime diversitaire, est à sens unique, et n'est jamais rien d'autre qu'un discours de défense de la structure hétéropatriarcale blanche constitutive du monde occidental. Qu'il soit virulent ou qu'il ne le soit pas ne compte pas vraiment : il se caractérise par son refus de voir le monde à partir de la logique minoritaire et diversitaire.

LE COMPROMIS POLITIQUE SOUS LA Ve RÉPUBLIQUE : UN ART DIFFICILE

› **Pascal Perrineau**

Pour des raisons multiples, les Français ont un rapport difficile au compromis, qu'il soit politique ou social. Le compromis est la plupart du temps perçu comme une compromission. Cette propension à refuser le compromis a des origines lointaines. Dans de nombreux ouvrages, le sociologue des organisations Michel Crozier avait montré comment le mal bureaucratique avait conduit à une grande difficulté des Français à délibérer, et à une « société bloquée » où l'on construit très difficilement des compromis pour changer (1). Le changement se fait, dans ces conditions, souvent au prix de la crise et de l'affrontement. Juin 1936, mai 1968, plus récemment le mouvement des « gilets jaunes » sont autant de symptômes de cette propension à gérer le changement par le conflit. Les séquelles de la « culture révolutionnaire » sont plus importantes en France que chez beaucoup de nos voisins européens. Les rodomontades de certains élus

Pascal Perrineau est professeur de science politique à Sciences Po Paris. À paraître : *Le Vote clivé. Les élections présidentielle et législatives d'avril et juin 2022* (Presses universitaires de Grenoble, 2022).
› pascal.perrineau@sciencespo.fr

de La France insoumise à l'Assemblée nationale témoignent de cette pérennité. Non seulement la Révolution française a installé très durablement un État qui a la souveraineté absolue sur la société, mais elle a aussi fortement valorisé la rupture révolutionnaire aux dépens d'un changement davantage pacifique et négocié (2). En 2022, les Français partagent le sentiment qu'un compromis pacifique pour résoudre nos désaccords est beaucoup moins probable que le scénario conflictuel et éventuellement violent. Interrogés en mai dernier, au lendemain du second tour de l'élection présidentielle, 66 % des électeurs considèrent qu'en France, « dans les années qui viennent, les Français n'arriveront pas à résoudre leurs désaccords de manière pacifique et auront souvent recours à la violence » (3) ; 32 % seulement partagent l'avis contraire d'un compromis pacifique. L'hypothèse de l'affrontement touche massivement les électeurs de Marine Le Pen (80 %), ceux d'Éric Zemmour (84 %) ainsi que les abstentionnistes (72 %). Seuls les électeurs d'Emmanuel Macron croient en majorité au scénario pacifique.

Une autre difficulté majeure de la progression du compromis est que la culture des élites de l'État est, en France, une culture hiérarchique de l'autorité verticale où un intérêt général défini d'en haut saisit une société qui ne serait que la jungle des intérêts privés. Le gouvernement de la société est la plupart du temps, quel que soit le secteur (santé, éducation, environnement, décentralisation, fiscalité...), descendant et cloisonné même sous un macronisme qui prétend associer les acteurs sociaux à la décision par les mécanismes de la démocratie participative (« grand débat national », Convention citoyenne pour le climat, Conseil national de la refondation...). Souvent, ces dernières opérations relèvent plus d'une entreprise de communication d'un pouvoir qui reste très vertical que d'une volonté de construire un compromis horizontal entre les décideurs, les acteurs du changement et les citoyens. Cette verticalité assumée dans les références jupitériennes du jeune président suscite en regard une opposition frontale qui ne s'embarrasse pas des subtilités de la construction d'un compromis avec les forces au pouvoir sur les grands dossiers de l'heure (retraites, système de santé, éducation...). Cette réaction est assumée comme telle, les principaux partis d'opposition étant des partis protestataires et non des partis porteurs d'une culture de gouvernement. À la dernière élection présidentielle, les trois candidats qui arrivent derrière Emmanuel Macron sont tous des candidats de la protestation et de la dénonciation radicale (Marine Le Pen avec 23,15 % des suffrages, Jean-Luc Mélenchon avec 21,95 % et Éric Zemmour avec 7,07 %). Une majorité d'électeurs se retrouve dans ce mouvement du « grand refus » (4) puisque, au premier tour de l'élection présidentielle d'avril 2022, 58,7 % de ceux-ci ont choisi de voter pour un candidat de la protestation, les représentants d'une culture de gouvernement, qu'ils viennent de droite ou de gauche, étant réduits à la portion congrue. D'ailleurs, aucune majorité de nos concitoyens, même après la large réélection du président sortant, n'a confiance dans le gouvernement pour « prendre les bonnes décisions » dans une série de secteurs essentiels pour l'avenir du pays. Seuls 34 % des électeurs interrogés ont confiance dans le gouvernement pour réformer le système de santé, 33 % pour l'environnement, 32 % pour le pouvoir d'achat, 30 % pour les retraites. La notion de compromis exige pour s'épanouir une confiance partagée, or, la défiance entre les Français et les décideurs est à son comble et ces derniers se méfient de citoyens perçus comme incertains et peu fiables.

Des institutions clivantes ?

Il faut reconnaître que le régime établi en 1958 n'a pas contribué à détendre l'atmosphère puisque les institutions de la Ve République et la pratique qu'en ont eue les principaux acteurs ont beaucoup contribué à la bipolarisation, à l'affrontement sans concession entre la droite et la gauche et aujourd'hui entre la majorité macroniste et ses oppositions. Le mode de scrutin majoritaire à deux tours, l'élection présidentielle au suffrage universel direct, la présidentialisation du régime, les armes du parlementarisme rationalisé (fixation de l'ordre du jour, article 34, article 49 alinéa 3, ordonnances, vote bloqué…) ont peu à peu installé le phénomène majoritaire et l'absence de collaboration, et encore plus l'absence de compromis, entre la majorité et son (ou ses) opposition(s). La lente construction d'un compromis parlementaire ou plus largement politique n'a pas été la caractéristique dominante des diverses présidences de droite comme de gauche sous la Vᵉ République. Le parlementarisme rationalisé, qui avait été inventé au départ « pour contraindre un Parlement que l'on supposait relativement semblable à ceux des deux Républiques précédentes » (5), est devenu peu à peu un carcan pour des majorités disciplinées et claires qui n'en avaient pas besoin. Une certaine respiration de la vie parlementaire, quitte à ce qu'elle soit portée par la situation nouvelle d'une majorité sans majorité absolue de sièges, serait la bienvenue aujourd'hui. Cependant, la recherche patiente de compromis parlementaires avec des oppositions radicales installées dans un schéma de rupture n'est pas chose aisée. Pour les formations radicales, il n'y a pas d'adversaires avec lesquels on peut délibérer et travailler mais des « ennemis » que l'on doit combattre par tous les moyens. Or, « l'ordre démocratique ne résiste pas longtemps si la haine domine les relations entre les acteurs de l'espace public, si ces derniers se considèrent comme des ennemis qui veulent vous détruire et qu'il faut détruire » (6). L'extrémisation du débat politique et la place qu'y occupent les leaders populistes simplificateurs et éradicateurs (7) ne favorisent pas le dialogue et le compromis mais plutôt la stigmatisation et la diabolisation. Cela ouvre un espace pour des régimes autoritaires dont certains, au cœur de nos démocraties complexes, peuvent rêver. Dans le dernier baromètre de la confiance politique du Cevipof (8), ce sont 33 % des personnes interrogées qui considèrent qu'avoir « à sa tête un homme fort qui n'a pas à se préoccuper du Parlement ni des élections » est une bonne façon de gouverner le pays »; 41 % pensent qu'« en démocratie rien n'avance [et qu']il vaudrait mieux moins de démocratie mais plus d'efficacité ». L'absence d'une véritable culture du compromis fait sentir ses effets pervers et fait apparaître la tentation de la « démocratie illibérale » et même du régime autoritaire.

Les institutions sont loin d'être les seules responsables de cette déficience française du compromis. Néanmoins, elles ont entretenu par leur binarité imposée une faiblesse préexistante de la logique d'un compromis fondé en raison et en capacité d'écoute de l'autre. La logique des institutions de la Ve République, telle qu'elle a été conçue par le général de Gaulle, était de faire de l'Assemblée nationale le prolongement de la volonté présidentielle. Cette présidentialisation de l'ensemble du dispositif institutionnel voulait également en finir avec le « régime des partis ». Aux yeux du général de Gaulle qui avait connu les IIIe et IVe Républiques, la lente et incessante recherche de compromis – faute de majorité absolue – provoquait une forme d'immobilisme dans les réformes. Le fondateur de la Ve République voulait également en finir avec l'instabilité gouvernementale, provoquée par le jeu des changements d'alliance. Comme le reconnaît l'historien des institutions Jean Garrigues, « la logique gaullienne a donc prévalu tout au long de la Ve République. Elle s'est même durcie avec le président Macron. Il a exercé une présidence assez autoritaire et verticale. En plus de cette pratique du pouvoir, il a pu compter jusqu'ici sur une très forte majorité à l'Assemblée nationale » (9). Cette majorité hégémonique n'est plus et donc, de fait, le régime prend une teinte davantage parlementaire qui implique le compromis libre ou contraint, faute de quoi la dissolution de l'Assemblée ou la démission du président seront les seules portes de sortie en cas de blocage. La France a connu, de 1875 à 1940 puis de 1946 à 1958, les compromis parlementaires. Elle peut en redécouvrir aujourd'hui les vertus mais comment faire vivre celles-ci au sein d'institutions bipolarisantes et d'une société qui choisit souvent plus l'affrontement que le dialogue ? L'éclatement du système partisan en plusieurs pôles qui ne s'inscrivent plus dans la bipolarité présidentielle donne aux acteurs politiques les éléments d'un système de compromis pas forcément permanent mais variable, négocié au cas par cas parfois avec l'opposition Les Républicains (LR), parfois avec l'opposition Rassemblement national (RN), parfois avec le groupe Libertés, indépendants, outre-mer et territoires (LIOT) ou encore avec tel ou tel segment de la Nouvelle Union populaire écologique et sociale (Nupes). Aujourd'hui, une forte majorité d'électeurs, devant le risque de blocage, appelle les députés de l'opposition à privilégier la négociation avec le gouvernement pour trouver un compromis ; 71 % des personnes interrogées considèrent que, « le plus souvent, les députés de l'opposition devraient chercher à négocier avec le gouvernement pour faire émerger des compromis », 28 % seulement qu'ils doivent « s'opposer au gouvernement pour rester fidèles à leur programme » (10). Ces irréductibles ne sont majoritaires (55 %) que chez les sympathisants de La France insoumise. Partout ailleurs la solution du compromis l'emporte.

Pour la macronie, l'absence de majorité absolue à l'Assemblée nationale, la situation minoritaire au Sénat constituent peut-être une chance historique de réhabiliter le compromis comme art de gouverner. Dans une société traversée de multiples fractures, prête parfois à en découdre dans un profond désordre, l'idée même et la pratique du compromis sont le plus sûr antidote à l'affrontement stérile et à la violence toujours possible.

1. Michel Crozier, *Le Phénomène bureaucratique*, Seuil, 1963 ; *La Société bloquée*, Seuil, 1970.
2. François Furet, *Penser la Révolution française*, Gallimard, 1978.
3. Étude post-second tour de l'élection présidentielle de 2022, vague 2, mai 2022, réalisée par OpinionWay pour Fondapol, Sciences Po Cevipof et Cecop.
4. Expression utilisée par Alain Touraine pour qualifier le mouvement de grève de décembre 1995 (Alain Touraine, François Dubet, Didier Lapeyronnie, Farhad Khosrokhavar, Michel Wieviorka, *Le Grand Refus. Réflexions sur la grève de décembre 1995*, Fayard, 1996).
5. Olivier Rozenberg, « De la difficulté d'être un Parlement normal », *in* Olivier Duhamel *et al.*, *La Ve République démystifiée*, Presses de Sciences Po, 2019, p. 47-69.
6. Dominique Schnapper, « Éloge du compromis », Telos, 1er juillet 2022.
7. Dès le 21 juin, le leader de La France insoumise nie toute légitimité au nouveau gouvernement et à sa cheffe : « Cette femme n'a aucune légitimité, zéro ! Nous sommes en train de perdre notre temps jusqu'à ce qu'elle parte. »
8. Baromètre de la confiance politique, « En quoi les Français ont-ils confiance aujourd'hui ? », vague 13 bis, Sciences Po Cevipof, juin 2022.
9. « Le compromis politique est absent de la culture française », entretien avec Jean Garrigues, *Le Point*, 22 juin 2022.
10. Sondage BVA, Observatoire de la politique nationale, pour RTL et Orange, 22 juillet 2022.

LE RÔLE DE LA VIOLENCE DANS L'HISTOIRE DU WOKISME

› **Xavier-Laurent Salvador**

Pour qualifier une action de « violente », il faut qu'un individu doué de raison, possédant la faculté de juger, exerce la force. Le code civil la définit ainsi : « Il y a violence lorsqu'elle est de nature à faire impression sur une personne raisonnable, et qu'elle peut lui inspirer la crainte d'exposer sa fortune ou sa personne à un mal considérable » (art. 1112). C'est donc par métonymie, par figure de glissement sémantique, que l'on parle de violence dans la nature : ni une tempête ni un ours ne sont violents dès lors que, n'étant pas doués de raison, ils n'exercent une force contraignante qu'au regard de l'observateur humain. La tempête n'est l'expression d'aucune volonté dominante punissant les hommes ; l'ours obéit à son instinct. La violence est dans le regard de l'homme qui la juge.

Machiavel (1) propose une distinction entre deux formes de jugements sur la violence : la violence restauratrice d'une part, c'est-à-dire la violence que l'on prétend exercer légitimement pour le bien d'autrui (pour l'éduquer, l'instruire, le corriger) ou de soi-même (l'héroïsme guerrier, le sacrifice de soi) ; et la violence destructrice, dont nous estimons qu'autrui se rend coupable lorsqu'il manifeste ouvertement par la force le désir d'enfreindre les lois. La violence est un acte de force qui oppose deux volontés : le bourreau et le coupable, par exemple.

Son remède, ou son antithèse, est la parole – c'est-à-dire le langage qui substitue à l'action directe la médiation du raisonnement. C'est donc encore un abus de langue qui pousse nos contemporains à vouloir trouver de la violence dans les discours. Il n'est évidemment pas question de nier l'idée que des pulsions violentes et de mort, comme la haine, peuvent être portées par les discours et entraîner chez leurs destinataires le sentiment de l'offense et de l'effroi. Mais un discours de violence ne saurait être confondu avec la violence elle-même, car tant que l'on menace quelqu'un de mort – paradoxalement – on ne le tue pas. Et les tribunaux ne peuvent jusqu'à présent qualifier les menaces que moins gravement que les actes. En un mot : menacer de mort est condamnable, mais moins que tuer. Mais c'est parfois une stratégie rhétorique commode de renforcer la métonymie qui fait du discours violent une violence dès lors que toute contradiction peut être perçue comme une offense, c'est-à-dire une atteinte, donc une contrainte : et *in fine* un acte de violence. Voilà un jeu de « marabout-bout de ficelle » qui fonctionne à plein régime dans le discours des sophistes et politiques qui ne s'embarrassent pas de nuances. « Actes de langage » au sens d'Austin et « acte » au sens juridique en viennent à se confondre : c'est une pente dangereuse dans laquelle il convient de ne pas s'engager. Elle amènerait à condamner pour des crimes de pensée.

Xavier-Laurent Salvador est maître de conférences, président du LAIC, cofondateur de l'Observatoire du décolonialisme et des idéologies identitaires. Dernier ouvrage publié : *Paroles et images sur le commencement. Le discours des peintures de la chapelle de Merléac* (Éditions Paradigme, 2019).
› xavier-laurent.salvador@univ-paris13.fr

On retrouve ce mécanisme dans le processus d'anathématisation politique entonné contre les divergences minoritaires politiques qui font des « extrêmes » le lieu du bannissement rhétorique et du calcul punitif au nom de la condamnation des « violences rhétoriques » (2), des « discours de haine » (3) et des « prêches révolutionnaires » (4). Il existe certes un lien entre le discours prônant la violence et l'action terroriste ; mais la recherche de la cause première et de son éradication reste un jeu difficile car, à la fin, la justice ne peut trancher qu'en recherchant les motivations dans le cœur de l'assassin et non dans celui de son père ou de son grand-père. Quant à comprendre pourquoi celui qui tient un discours de haine ne passe pas à l'acte ; et pourquoi celui qui l'entend agit – c'est là un mystère pour l'intelligence des hommes depuis Aristote. Le crime de pensée, ou crime d'opinion, n'est pas reconnu en droit continental.

En parlant de sophistes, on en arrive à questionner l'irruption sur la scène politique du mouvement subversif, en phase avec les théologies de la libération, du wokisme dont le caractère mystique emprunte au communisme marxiste la prétention de vouloir résoudre l'histoire. Agrégeant différentes radicalités issues des mouvements contestataires – notamment français – des années soixante-dix qui souhaitaient l'avènement d'un nouveau monde (écologie radicale, néoféminisme, racialisme), ces courants de pensée en rupture avec le passé immédiat protestent de leur engagement éclairé. Ils rejouent *ad nauseam* la scène de la Renaissance se débarrassant enfin du Moyen Âge obscur pour entrer de plain-pied dans la Modernité : celle des guerres de Religion, de la technologie au service de la folie meurtrière des États et des guerres tribales de possession.

Un piège théorique

Empruntant de manière dégradée au discours marxiste quelques leitmotivs rarement sourcés, la pensée de la « violence » est omniprésente dans le paradigme de la recherche des décoloniaux. Mais si la violence, telle que théorisée par Engels, occupait légitimement une place centrale dans le catéchisme révolutionnaire des communistes du XXe siècle, elle est teintée de morale réprobatrice. En un mot, le wokisme réhabilite le discours de Dühring qui s'accordait avec la morale protestante pour condamner la violence, là où Engels en faisait une dynamique essentielle. Même lorsqu'ils évoquent Fanon (5), qui fut pourtant un activiste révolutionnaire, c'est pour le dédouaner : on parle d'« émancipation déconiale » par opposition à la « violence pure » ou « fasciste » de l'Occident colonial (6). Réactualisant la définition machiavélique de la « violence légitime », et donc innocente, le discours décolonial accable ses adversaires en leur imposant la condamnation morale, voire chrétienne, de « violence ». Ce piège rhétorique, vieux comme le monde, fonctionne pourtant à merveille. Le mot est ainsi répété à l'envi pour justifier des recherches militantes sur la base de la légitimité que lui confère l'indignation citoyenne. Ne prenons qu'un exemple. Dans la thèse *Vers une conscience radicale de libération : récits palestiniens et israéliens de trans/formation décoloniale* (7), l'auteur présente le champ de son ouvrage :

> « Cette recherche ambitionne de comprendre les *voies biographiques* qui conduisent les participant.e.s à opérer des performances *contre-hégémoniques* dans leur vie *quotidienne.* »

On est bien en peine ici de comprendre dans quel contexte scientifique se pose la question de la « voie biographique » en tant qu'objet de recherche. S'agit-il de « récits biographiques » ? De « récits de vie » ? En quoi est-ce un matériau de recherche ? On ne le saura pas, mais la « violence » justifie tout :

> « La conscience coloniale *[...]* est liée à une position hégémonique de *pouvoir*, de *violence et d'arrogance.* Cette recherche montre que le sionisme est défini par tou.te.s les participant.e.s comme un fondement de l'oppression *[...]* il ne détermine pas de la même manière le destin des participant.e.s juif.ve.s israélien.ne.s ashkénazes, juif.ve.s israélien.ne.s mizrahi.e.s et palestinien.ne.s. »

Axée sur la théologie de la libération, ici de l'hégémonie israélienne opposée au « processus de libération décolonial », la « violence » est envisagée comme allant de soi pour décrire la société israélienne. On la mentionne ici comme on mentionnerait le symptôme d'une maladie à soigner rapidement, et la métaphore se poursuit aisément en faisant du décolonialisme le remède, et du chercheur, le médecin.

On comprend donc que la dénonciation de la violence comme le fait d'un hégémonisme tyrannique suffit à lui tout seul à justifier le « contre-hégémonisme » qui ne saurait être antisémite en l'espèce puisqu'il est autodéclaré légitime. Et cette thèse illustre bien le rapport que les décoloniaux entretiennent avec la violence, péché inhérent aux structures oppressives de pouvoir, contre laquelle il est évident que l'on doive se révolter – ce qui dispense de justifier sa recherche, sa méthodologie et son objet. En parlant ici de « péché », nous faisons allusion à un passage de la *Théorie de la violence* d'Engels qui inspire la réforme déconiale dans sa lutte « contre les formes politiques périmées » incarnées par les démocraties européennes et leurs universités :

> « Selon M. Dühring, la violence est le mal absolu. Le premier acte de violence est le premier *péché*. Son livre est une longue lamentation sur le péché originel qui a contaminé toute l'histoire jusqu'à nos jours *[...]*. Mais la violence assume *aussi* une autre fonction dans l'histoire : la fonction révolutionnaire *[...]*. Elle est l'outil dont se sert le mouvement social *[...]* pour briser les formes politiques périmées. (8) »

Ces chercheurs transposent en fait en recherche « l'action directe » de Georges Sorel contre « l'éloquence des tribuns » (9) qu'ils méprisent souverainement et font de leur recherche un acte de révolte actif au service de la libération qu'ils estiment décrire, contre la « science objective » contre laquelle il s'insurge (10). On voit alors émerger un système clos, ayant déterminé son lexique et ses références, pour asseoir une représentation du monde au service de l'idéologie progressiste qu'elle sert. Dans une thèse soutenue à Toulouse en 2019 et consacrée à l'« *empowerment* socio-environnemental féministe alternatif » – titre où l'on peine à énumérer le nombre de bifurcations lexicales employées –, on peut ainsi lire : « L'analyse articulée de la *violence de genre* et de la *violence sur la nature* met en lumière les liens renouvelés entre patriarcat et colonialité et montre une politisation sentipensée des militantes. » Là encore, la convocation de la « violence », en emploi imagé à chaque occurrence, construit une pénalisation du propos sur la base d'une métaphore simple : « faire violence à la nature, c'est comme faire violence à une femme », c'est donc un viol. Une fois la caractérisation du crime établie, on comprend aisément que toute recherche fondée sur ce mécanisme discursif devient un réquisitoire contre le coupable (le patriarcat colonial blanc et hétérosexuel) et un plaidoyer pour tout ce qui est subversif. « Plaidoyer » et « réquisitoire » n'étaient pas des mots du vocabulaire de la recherche en sciences humaines, ni sociales : mais on assiste à un déroutement basé sur un nouveau code de procédures. La recherche se doit, au nom d'un nouvel ordre moral, d'être au service d'un engagement clairement identifiable restaurant quelque chose qui a été perdu selon la grille de lecture du sociologue (11).

La violence directe de la pensée décoloniale

Comme ces prétendus chercheurs se sentent légitimes à agir contre la violence symbolique qu'ils constatent partout où le décolonialisme s'immisce, on observe l'action décoloniale s'emparer à son tour des moyens et des discours de la violence légitime. Agissant de la sorte, ils reprennent à leur compte les discours de l'anticlerc au sens que donne à ce mot Julien Benda lorsqu'il écrit :

> « Je l'en attaque *[le clerc qui adhère aux thèses socialistes* (12)*]* d'autant plus que souvent il exalte ces moyens *[...]* en eux-mêmes, par exemple la *suppression de la liberté,* le *mépris de la vérité*; en quoi il adopte alors un système de valeurs identique à celui de l'anticlerc. (13) »

Rappelons ce qu'est un exemple d'action décoloniale. Dans le cadre d'un cours en L2 à l'université Paris-8-Vincennes-Saint-Denis le 11 février 2020 consacré aux représentations de l'affaire Dreyfus, on devait évoquer le film *J'accuse* de Roman Polanski. Lors de la séance, un groupe d'une quinzaine de jeunes est entré dans la salle. Ils ont annoncé qu'ils étaient là pour empêcher la discussion et qu'ils ne quitteraient les lieux que lorsque l'enseignante les aurait assurés qu'elle n'en parlerait pas. Une jeune femme a accusé l'enseignante de complicité et l'ordre a été intimé à cette dernière de se taire. Intimidée à la fois par la violence verbale et la présence physique de ces gens, l'enseignante a essayé de reprendre la parole. Il lui a été dit qu'étant « dominante » elle devait se taire.

Suppression de la liberté.
Mépris de la vérité.

Cette anamnèse caractérise bon nombre des assauts décoloniaux dans les échanges qui se font lors de débats (14) quand ce n'est pas lors de réunions à l'université où les enjeux de confrontation symboliques – argent, salaire, récompenses – sont le fruit de décisions collectives. Rappelons ainsi qu'en octobre 2019 l'essayiste Mohamed Sifaoui, auteur de *Taqiyya ! Comment les Frères musulmans veulent infiltrer la France* (15), a vu annulée par la présidence de la Sorbonne la formation qu'il devait y animer intitulée « Prévention de la radicalisation : compréhension d'un phénomène et détection des signaux faibles » au prétexte que le titre était, selon les collègues, « problématique ». Très récemment encore, en juin dernier, deux cours de Leonardo Orlando, docteur en science politique à Sciences Po Paris et chercheur post-doctoral au département d'études cognitives de l'ENS, et de Peggy Sastre, docteure en philosophie des sciences, essayiste, traductrice et journaliste au *Point*, portant sur « les approches biologiques, évolutives et cognitives du comportement humain » ont été abruptement annulés par la direction sous la pression menaçante d'un laboratoire spécialisé en études de genre qui voit dans un tel enseignement de « biologie » une contradiction de l'idéologie ordinairement professée.

Ce principe de ségrégation est-il assimilable à la violence qui est faite, pendant son cours, à l'enseignante que l'on empêche physiquement de parler ? oui, évidemment. Car ce qui caractérise dans ces exemples le développement de l'action directe décoloniale, c'est l'assignation au silence – le refus de tout *logos*, de toute contradiction, et l'exercice de la force pour soumettre une volonté infériorisée. Il s'agit donc d'une violence réelle et concrète, qui n'est ni pure ni légitime. Et en ce sens, si l'on peut admettre que, pour Karl Popper, le fondement de la société ouverte soit une démocratie guidée par la raison, on comprend ici que le mouvement *woke* se révèle une imposture grimaçante de la rationalité. La curieuse économie de la pensée décoloniale veut nous faire croire qu'enseigner l'histoire, c'est « endoctriner » les étudiants. Leur « imposer » une grammaire, ce serait les enfermer car « le français *[leur]* appartient » (16). Le cadre laïque de la sécularisation des espaces partagés est menacé. On promeut la « race » comme une « grille de lecture du monde », selon les mots mêmes du président du CNRS. En réalité, la violence est bien du côté de la pensée décoloniale qui entend imposer le silence à ceux qui n'entrent pas dans le cadre qu'ils prétendent imposer au nom d'une idéologie qu'ils peinent à nommer. La société ouverte, donnée comme un improbable horizon, n'est qu'un prétexte à légitimer aux yeux de ses zélés promoteurs l'exercice de la force pour l'avènement d'un « avenir ouvert » (17). Qui ne voit pas les ferments de la tyrannie dans cette mascarade ?

1. Partant de l'idée que « quiconque veut fonder un État et lui donner des lois doit supposer d'avance les hommes méchants et toujours prêts à montrer leur méchanceté toutes les fois qu'ils en trouveront l'occasion » (*Discours*, I, 3), Machiavel légitime l'idée selon laquelle la violence des lois s'oppose à la volonté de leur violation par les hommes.
2. http://www.regards.fr/archives/article/la-rhetorique-republicaine-actuelle-est-une-nouvelle-forme-de-nationalisme.
3. https://www.lepoint.fr/editos-du-point/discours-de-haine-punir-est-un-mauvais-calcul-04-08-2022-2485426_32.php.
4. https://www.lepoint.fr/societe/hassan-iquioussen-les-laicards-terroristes-et-son-preche-en-video-09-08-2022-2485888_23.php.
5. On lira à ce sujet de Guy Pervillé « Frantz Fanon, l'Algérie et l'apologie de la violence », https://www.lefigaro.fr/vox/culture/2019/02/21/31006-20190221ARTFIG00139-frantz-fanon-l-algerie-et-l-apologie-de-la-violence.php.
6. On lira par exemple le texte (1964) de Mahdi Amel, « La pensée révolutionnaire de Frantz Fanon », https://www.contretemps.eu/pensee-revolutionnaire-fanon-mahdi-amel.
7. Thèse de doctorat en sociologie soutenue le 7 mai 2017 à l'université Sorbonne Paris Cité.
8. Friedrich Engels, *L'Anti-Dühring*, 2e partie. On notera l'usage de l'adverbe « aussi » qui suffit à montrer que, pour Engels comme pour Marx, la violence est évidemment le moteur de l'histoire. Engels ne s'oppose à Dühring que sur les conséquences à tirer d'observations communes.
9. Georges Sorel, *Réflexions sur la violence*, 1908.
10. On lira entre autres Lissell Quiroz, « Le leurre de l'objectivité scientifique », https://decolonial.hypotheses.org/1630 (consulté le 28 août 2022).
11. « Dès lors, on ne peut pas reprocher au sociologue de s'efforcer de la *[la capacité d'action des dominés]* restaurer lorsqu'elle est affaiblie ou négligée par des instruments de pouvoir et des rapports de domination *[...]* La sociologie engagée est une sociologie qui redonne de la capacité d'action à celui, ou celle, qui en est privé. » Philippe Bataille, « L'intervention sociologique, une méthode de recherche engagée », *Questions de communication*, 2003/2, n° 4, p. 251-260. On reconnaît dans cette « mission » du sociologue la déclinaison du rôle du politique dans la « société ouverte » de Popper pour qui la vocation principale de l'action politique est de « soulager la souffrance humaine ».
12. On pourrait dire aujourd'hui : « thèses décoloniales ».
13. Julien Benda, *La Trahison des clercs*, note 1 du chapitre III, première édition, coll. « Les Cahiers verts », Grasset, 1927.
14. On consultera le rapport de l'Observatoire du décolonialisme et des idéologies identitaires, https://decolonialisme.fr/?page_id=5178.
15. Mohamed Sifaoui, *Taqiyya ! Comment les Frères musulmans veulent infiltrer la France*, Éditions de l'Observatoire, 2019.
16. Nous faisons allusion ici au titre de l'ouvrage de Maria Candea et Laélia Véron, *Le français est à nous ! Petit manuel d'émancipation linguistique*, La Découverte, 2019.
17. « L'avenir est ouvert » est le titre d'un recueil d'échanges entre Konrad Lorenz et Karl Popper (1999).

MÉLENCHON ET LA RÉVOLUTION LIBÉRALE MULTICULTURELLE

› **Edern de Barros**

Un des paradoxes les plus étonnants dans le discours de Jean-Luc Mélenchon est son attachement à l'Europe. Ce défenseur des Montagnards et de l'idée de révolution n'a jamais remis fondamentalement en question le fédéralisme européen, voire continue d'excuser le tournant néolibéral opéré, en 1983, par François Mitterrand, son « maître absolu » (1). Il dénonce la « légende noire » d'un « traître » (2) à la gauche qui aurait été construite à son encontre et qui ne serait pas justifiée. « Mitterrand, écrit-il, souhaite justement amener l'Europe vers un cadre plus politique où la France aurait le moyen d'accomplir le projet socialiste » (3). Dans la conception marxiste du « matérialisme historique », qui n'envisage le passage au socialisme que sur les ruines du capitalisme, l'Europe rêvée devait donc passer, selon lui, par une soumission à l'austérité néolibérale. « Nous pensions, affirme Jean-Luc Mélenchon en 2002, que l'his-

Edern de Barros est docteur en droit.

toire connaissait un mouvement déterministe linéaire fait d'étapes à franchir entre des formes politiques fixes de l'esclavagisme au féodalisme, de celui-ci au capitalisme et de là enfin au socialisme. (4) »

Comment expliquer chez Jean-Luc Mélenchon cet attachement à un marxisme orthodoxe – dans la trahison de Marx – qui épouse *in fine* le progressisme économiste, basculant toujours plus dans l'européisme et le multiculturalisme par reddition, et qui pousse en grande partie les classes populaires à se désintéresser de la gauche ? La France insoumise (LFI) s'est en effet aliéné une grande partie de l'électorat souverainiste, les « fâchés pas facho » attachés à l'idée de nation historique, et attiré par le pôle dit d'« extrême droite » ou par l'abstention servant de refuges aux perdants de la mondialisation néolibérale triomphante depuis les années quatre-vingt. Mélenchon, disciple de Mitterrand, apparaît ainsi aux yeux de certains comme un complice du système baptisé naguère par dérision l'« UMPS » qu'il dénonce pourtant lui-même désormais. « À l'UMPS, remarque-t-il, on vend au peuple de droite un gaullisme qui n'existe pas, et le PS vend au peuple de gauche une politique de réforme sociale qu'il n'a pas l'intention de faire. (5) » La France insoumise trouve d'ailleurs ses origines dans la scission de l'aile gauche du Parti socialiste – converti au néolibéralisme – avec la création en 2008 du Parti de gauche (PG).

Abandonnant la rhétorique de la lutte des classes à l'adresse des « camarades », l'ancien trotskiste de l'Organisation communiste internationaliste (OCI) devenu leader de La France insoumise adopte une stratégie de conquête populaire plus large à destination des « gens » sans parvenir pourtant à séduire une partie des Français des milieux populaires qui ne se reconnaissent pas dans son concept de « créolisation ». Plus fondamentalement, la persistance de Mélenchon à excuser le tournant néolibéral de Mitterrand est indissociable de son hostilité à l'idée de « nation » dans le schéma du matérialisme historique. La déconstruction de la nation prend appui sur l'affirmation d'un républicanisme universaliste attribuée aux Lumières et à la Révolution, qui se traduit par l'idéalisation d'un citoyen « émancipé ». Mais, paradoxalement, le citoyen émancipé de LFI correspond davantage au *self-made-man* du multiculturalisme anglo-saxon introduit en France sous

Mitterrand pour accompagner le tournant néolibéral. Mélenchon mobilise alors le récit de la Révolution française pour dessiner une définition purement contractualiste et abstraite de l'identité française – l'adhésion à la devise « Liberté, égalité, fraternité » – qui congédie toute référence à l'idée de nation historique remontant aux époques antérieures à la Révolution, et permet *in fine* au leader de LFI d'avancer la thèse multiculturaliste du nouveau « peuple urbain » « créolisé ».

Le *self-made-man* républicain

Jean-Luc Mélenchon se refuse à une définition ethnique, culturelle ou religieuse de la nation. Si la patrie désignait « le pays où l'on est né » (6), elle est maintenant le « lieu où il y a des droits » (7). Il théorise ainsi l'idée de « patrie abstraite » (8) : la « patrie des droits de l'homme » (9). La nation est réduite à « l'aire de la communauté légale *[...]* composée de l'ensemble des citoyens qui sont appelés à la définir par leur vote ou celui de leurs représentants » (10). La culture nationale est alors ramenée à la volonté majoritaire qui s'exprime dans le vote de la loi. Ainsi, « la France est une construction purement politique *[...]*. Elle est tout entière le fruit d'un pacte civique » (11). La nation considérée comme le produit d'une histoire multiséculaire n'a aucune existence avant la Révolution française puisque c'est la République qui la fonde.

Le discours multiculturaliste de Mélenchon prend appui sur la rhétorique de l'« émancipation » qui caractérise cette utopie de la détraditionnalisation des rapports sociaux. L'insoumission, c'est l'« émancipation » qui consiste à « se soustraire à la domination des autres » (12) mais aussi aux contraintes traditionnelles qui forgent nos habitudes : « La nature humaine *[...]* n'existe pas, elle est un résultat social. (13) » « Une des spécificités de La France insoumise, remarque le sociologue Manuel Cervera-Marzal, est d'avoir pris ses distances avec le logiciel collectiviste et d'avoir redécouvert l'existence d'un individualisme de gauche. (14) » Pour cela, Mélenchon postule la liberté de conscience comme « la plus fondamentale » (15), et qui trouverait sa source dans les philosophies du doute du XVIe siècle contre l'autorité de la religion et des coutumes. Or le républicanisme laïc des Lumières permettrait de détruire cette « métaphysique d'une identité qui préexisterait et s'imposerait à la liberté individuelle et s'imposerait à chacun contre sa capacité d'invention du futur » (16). « C'est le *self-made-man* dont Mélenchon est le nouveau prophète » (17), comme le résume Denis Collin. La « méthode générale de déconstruction » (18) produit une philosophie morale centrée sur la figure du « citoyen abstrait » indéterminé par l'histoire, et libéré des « nombreux déterminismes » (19).

Il s'agit de construire soi-même son identité culturelle « sans subir au préalable, écrit Mélenchon, l'accord du clan, la loi du grand-père, les préceptes de la grand-mère ni les coutumes dignes de leurs ancêtres » (20). C'est cet idéal de l'individu auto-engendré qui le fait préférer « à l'obsession de reproduire la tradition le goût de l'invention de soi » (21) : ce que Bérénice Levet a pu appeler l'« ivresse des possibles » du *self-made-man* déraciné propre à la culture coloniale outre-Atlantique. Ce désir d'autodétermination pour Jean-Luc Mélenchon suppose un « important travail de reconstruction à faire » (22) qu'on retrouve dans l'« homme déconstruit » dont parle Sandrine Rousseau. « Cela commence déjà, écrit Mélenchon, par le refus du conditionnement mental dans le jeune âge, c'est-à-dire la mise à distance de la religion » (23). C'est au nom de cette philosophie libertaire qu'on retrouve sous la plume de Mélenchon un manifeste intersectionnel dans *L'Avenir en commun* qui traduit sa conversion aux « idées différentialistes et au modèle anglo-saxon » (24) : « C'est un même combat, celui pour la maîtrise souveraine de sa propre personne jusque dans le droit à mourir dans la dignité, l'égalité en droits, le libre choix sur les engagements fondamentaux de son existence et la lutte implacable contre toutes les discriminations racistes, sexistes ou homophobes ! (25) »

Il s'agit alors de faire passer pour des avancées démocratiques des revendications des minorités sociologiques qui, cumulées dans l'intersectionnalité, formeraient une volonté majoritaire contre la « décence commune » (26) des mœurs populaires. La dissolution de la communauté nationale se fait au nom des nouveaux « droits de l'homme » qui n'ont plus grand rapport avec la culture jusnaturaliste des acteurs de la Révolution. Ces « droits à » sont fondés sur un ressenti individuel, et appuyé par une rhétorique victimaire et compassionnelle reprise par Mélenchon pour faire valoir les différences qui seraient la preuve de l'identité purement contractuelle de la nation. Mais, sous un faux tolérantisme, le « droit à » devient une « lutte contre » toutes les formes de discrimination dans le sillage de SOS racisme, dont Mitterrand soutient la création pendant la « révolution glacée » à partir de 1983 : la lutte contre le capitalisme laissant la place après le tournant néolibéral aux combats sociétaux, antiracistes, antisexistes, contre l'homophobie, l'islamophobie, l'handiphobie, la transphobie, la grossophobie, etc. « Ainsi la fameuse "intersectionnalité des luttes", rappelle Denis Collin, est-elle une chimère qui vise à maquiller la reddition sans condition à l'ordre capitaliste. (27) »

À la fin des années quatre-vingt, Mélenchon publiait une tribune multiculturaliste dans *Politis* fondatrice de sa définition républicaine de ce nouveau peuple émancipé. Dans cette tribune intitulée « La social-démocratie urbaine », il affirmait que « l'acteur de l'histoire, c'est le peuple urbain » (28) ou l'« *homo urbanus* », comme le confirme la sociologie électorale de LFI en 2017 et en 2022. Celui-ci est la traduction anthropologique du contractualisme diversitaire par lequel la société est vue comme une association de porteurs de droits sans culture commune substantielle. Mélenchon témoigne d'ailleurs de son mépris pour le peuple rural séculaire et la culture paysanne conservatrice des traditions, laquelle est absente systématiquement de son récit de la Révolution française. « J'ai vécu la Normandie, avoue-t-il, comme un monde terrifiant » parce qu'elle témoignait d'un « décrochage entre la France réelle et la France idéale » (29). C'est sur la figure de l'exclu, en particulier l'immigré, que repose alors la promesse de l'inclusion universelle contre le repli identitaire qui conçoit l'autre comme « toujours corrupteur » (30). L'ouverture à l'« autre » ou le culte de l'altérité dans le droit à la différence devient en soi une méthode républicaine de pensée pour combattre notre sentiment d'identité nationale assimilé à la xénophobie, au racisme et à toutes les formes d'exclusion des minorités. « Il ne s'agit pas "d'être français" mais de faire la France de tous bois. *[...]* Notre futur est la créolisation, c'est-à-dire la création en commun de l'avenir. (31) »

Le récit républicain contre la nation historique

Mélenchon se réfère peu au passé prérévolutionnaire, à l'exception des événements qui participent à la construction de l'indépendance de l'État laïc au sortir de la féodalité : le conflit entre la monarchie de Philippe le Bel et la papauté, le rôle de Louis XI et surtout les guerres de Religion qui justifient la nécessité de la loi sur la laïcité de 1905. De la liberté de culte est née la liberté de conscience, laquelle est fondatrice des garanties de l'État : la loi au-dessus des religions. Il congédie au contraire les récits participant à la construction d'une identité nationale transcendante qui est « un message d'exclusion *[...]* proclamé et justifié par l'histoire », à commencer par le baptême de Clovis qui construit l'idée gaulliste d'une « permanence chrétienne de l'histoire des Français » (32). Le terme même de « civilisation » défini comme « le niveau concret le plus large auquel un individu s'identifie » est considéré avec prudence puisqu'il est « un donné qu'on ne choisit pas mais qui s'impose à soi » (33). Il s'agit plus fondamentalement de faire table rase du passé coutumier du citoyen au profit d'un pur volontarisme social. C'est dans la même logique de négation d'un « droit aux "origines" » (34) qu'il s'oppose à la levée de l'anonymat dans le cas des accouchements sous X. Car « l'idée d'un droit aux racines individuelles, c'est une régression parce que ça donne un rôle trop central à la tradition » (35). La « nation identitaire » produite par un « cadre historico-géographique » – matrice de tous les « ethnicismes » – est donc une entrave à la souveraineté populaire dans la mesure où cette dernière est « bornée par le devoir de pérenniser l'originalité de cette identité » (36). Elle « réduit l'identité intime des personnes aux caractères qui leur préexistent dans la communauté qui les leur transmet » (37).

En conséquence de son exclusivisme républicain, Mélenchon fait disparaître le peuple de l'histoire antérieure à la Révolution puisque la société n'est qu'un agglomérat d'individus hétéronomes sous la monarchie d'Ancien Régime. C'est l'*homo urbanus* qui est acteur de l'histoire, tandis que la paysannerie, pourtant motrice de la Révolution, est effacée. « Ce qu'on appelle le peuple au XVIIIe siècle, ce sont quand même des gens qui ont des conditions sociales tellement éloignées qu'en tant que tel il n'est pas une entité, pas un acteur. (38) » Or « la lutte des classes pour la répartition des richesses n'est possible qu'à partir d'un certain niveau de développement complexe de la société humaine » (39). Avant 1789, les « anciennes "révolutions socialistes" » ne sont pas des « révolutions citoyennes » (40) dans la mesure où « la multitude devient peuple en devenant Constituant » (41). La révolution des États généraux de 1355-1356, par exemple, n'est qu'une « impasse sanglante *[...]* pour corriger la monarchie par la démocratie des cités » (42), comme il l'écrit en 1995. Les « jacqueries » elles-mêmes – les révoltes de la paysannerie si peu analogue à l'*homo urbanus* mélenchoniste – ne sont que des « rages aveugles et désordonnées » (43).

Fondamentalement, et s'il s'en défend pourtant, la pensée de Jean-Luc Mélenchon s'inscrit encore dans ce schéma du matérialisme historique qui n'envisage la lutte des classes et l'avènement du socialisme qu'après une phase capitaliste source d'une « conflictualité » (44) féconde. Ce conflit est censé donner naissance à la formation d'une conscience de classe d'abord ouvrière puis désormais populaire, voire « multiculturelle » ou « créolisée »: le « nous » (45), c'est-à-dire un peuple (abstrait) « pour soi devenant acteur de l'histoire » et non plus seulement un peuple (concret), « en soi, les gens du commun formant la multitude sans projet commun » (46). Il reste à se demander si ce « nous » abstrait est réellement prêt à rendre justice à ce concept flou de « créolisation » alors que partout en Occident les aspirations populaires à un retour de l'héritage et des traditions semblent à nouveau structurer une fraction croissante des classes populaires.

1. Jean-Luc Mélenchon, *Le Choix de l'insoumission*, Seuil, 2016, p. 129.
2. *Idem*, p. 111.

3. *Idem*, p. 112.
4. Jean-Luc Mélenchon, « Faire l'histoire » *[janvier 2002]*, in *Causes républicaines*, Seuil, 2004, p. 149.
5. Jean-Luc Mélenchon, *Le Choix de l'insoumission*, *op. cit.*, p. 338.
6. « Patrie », *Dictionnaire universel français et latin*, Compagnie des libraires associés, 1771, tome VI, p. 599.
7. Voir Sophie Wahnich, *L'Impossible Citoyen*, Albin Michel, 1997.
8. Jean-Luc Mélenchon, « La paillote et la République », *Politis*, 27 mai 1999.
9. Jean-Luc Mélenchon, « Répétition générale », *La Nouvelle Revue socialiste*, novembre 2003.
10. *Idem*.
11. Jean-Luc Mélenchon, « Le "Che" se trompe d'armes », *Le Nouvel Observateur*, 1er mars 2002.
12. Jean-Luc Mélenchon, *Le Choix de l'insoumission*, *op. cit.*, p. 80.
13. Jean-Luc Mélenchon, *De la vertu*, Pluriel, 2017, p. 128.
14. Manuel Cervera-Marzal, *Le Populisme de gauche. Sociologie de La France insoumise*, La Découverte, 2021, p. 84.
15. Jean-Luc Mélenchon, *De la vertu*, *op. cit.*, p. 49.
16. Jean-Luc Mélenchon, « On ne fait pas la France dans un seul pays », *Politis*, mars 2002.
17. Denis Collin, « Panne de transmission ? », note de blog, 3 janvier 2021.
18. Jean-Luc Mélenchon, *L'Ère du peuple*, *op. cit.*, p. 102.
19. Jean-Luc Mélenchon, « Le défi d'une laïcité étendue », in *Causes républicaines*, *op. cit.*, p. 123.
20. « Jacobin justement », *Marianne*, 28 août 2000.
21. Jean-Luc Mélenchon, *Le Choix de l'insoumission*, *op. cit.*, p. 11.
22. *Idem*, p. 39.
23. Jean-Luc Mélenchon, *De la vertu*, *op. cit.*, p. 41.
24. Anne-Marie Le Pourhiet, « Le droit constitutionnel de la reconnaissance », *Civitas Europa*, 2014/1, n° 32, p. 15.
25. Jean-Luc Mélenchon, *L'Avenir en commun*, Seuil, 2021, p. 15.
26. Denis Collin, « Après la gauche, le socialisme. Bilan subjectif du dernier demi-siècle », note de blog, 7 août 2020.
27. *Idem*.
28. Jean-Luc Mélenchon, *Le Choix de l'insoumission*, *op. cit.*, p. 226.
29. *Idem*, p. 34-35.
30. Jean-Luc Mélenchon, « On ne fait pas la France dans un seul pays », *Politis*, mars 2002.
31. Jean-Luc Mélenchon, « Macron et l'histoire comme amnistie des dominations », blog, 24 décembre 2020.
32. Jean-Luc Mélenchon, *Laïcité. Réplique au discours de Nicolas Sarkozy. Chanoine de Latran*, Bruno Leprince, 2008, p. 10.
33. *Idem*, p. 37.
34. Jean-Luc Mélenchon, *De la vertu*, *op. cit.*, p. 70.
35. *Idem*, p. 73.
36. Jean-Luc Mélenchon, « On ne fait pas la France dans un seul pays », *op. cit.*
37. Jean-Luc Mélenchon, « La langue de l'égalité », *Politis*, 1er juillet 1999.
38. Jean-Luc Mélenchon, *Le Choix de l'insoumission*, *op. cit.*, p. 317.
39. Jean-Luc Mélenchon, *L'Ère du peuple*, *op. cit.*, p. 129.
40. *Idem*, p. 12.
41. Jean-Luc Mélenchon, *Le Choix de l'insoumission*, *op. cit.*, p. 318.
42. Jean-Luc Mélenchon, « Écoute Marianne » *[septembre 1995]*, in *Causes républicaines*, *op. cit.*, p. 229.
43. *Idem*, p. 230.
44. Jean-Luc Mélenchon, *L'Ère du peuple*, *op. cit.*, p. 149.
45. *Idem*, p. 12.
46. *Idem*, p. 149.

VIOLENCE AMÉRICAINE. « ANARCHISME LATENT DU PEUPLE FRANÇAIS »

› **Ran Halévi**

La violence est inhérente à la vie des sociétés, de tout temps et sous les régimes les plus divers. Mais chaque nation l'éprouve, et la juge, avec les attributs propres à l'expérience particulière qui forme son caractère distinctif. Une nation, écrit Tocqueville, se ressent immuablement de ses origines. Il en va de la démocratie américaine comme de la démocratie française. L'une et l'autre n'échappent, et de moins en moins, à la violence – physique, politique, « culturelle ». Si leur rapport à la violence est différent, c'est que l'histoire de ces deux démocraties, et de leur accession à la démocratie, n'est pas la même.

Ran Halévi est historien, directeur de recherche au CNRS, professeur au Centre d'études sociologiques et politiques Raymond-Aron et directeur de collection aux éditions Gallimard. Dernier ouvrage publié : *Le Chaos de la démocratie américaine. Ce que révèle d'émeute du Capitole* (Gallimard, 2022).

En France, on redoute par-dessus tout, au moins depuis la Révolution, les flambées inopinées d'une violence éruptive, focalisée singulièrement sur le pouvoir – jadis absolu, aujourd'hui présidentiel – que la centralisation politique et administrative surexpose plus qu'ailleurs en temps de crise. L'« anarchisme latent du peuple français », évoqué par Raymond Aron, n'est pas près de s'éteindre dans ce vieux pays de « Gaulois réfractaires », quand bien même il a beaucoup perdu de son panache romantique. Il ne s'agit plus de nos jours, à proprement parler, de l'esprit révolutionnaire, et de l'espoir révolutionnaire, que la faillite du totalitarisme a déshonorés en les vidant de leur substance intellectuelle. Mais plutôt des impulsions insurrectionnelles que notre tempérament national rallume périodiquement : désormais, elles puisent leurs repères dans un populisme devenu protéiforme, plus anarchique qu'éradicateur, sans promesses et sans programme si ce n'est les refus, les proscriptions et les haines politiques que l'époque lui suggère. Il ne manque jamais des porte-voix pour appeler les Français à faire ressortir la révolution de sa lie.

Les Américains eux aussi eurent leur lot de démagogues et de vaticinateurs, mais il est rare d'y trouver des tribuns prêchant la révolution. Et ce n'est pas un hasard si le plus emblématique, au siècle précédent, était un homme d'Église, le père Charles Coughlin (1891-1979), prosélyte antidémocratique et judéophobe, au nationalisme virulent, dont les sermons remplissaient les stades et dont les causeries hebdomadaires à la radio attiraient des dizaines de millions d'auditeurs.

La violence qui afflige aujourd'hui l'Amérique a longtemps été « décentralisée », avant que les ferments empoisonnés de la polarisation politique ne l'installent au cœur de la sphère publique en lui imprimant les symptômes d'une guerre civile. Les effervescences hexagonales finissent toujours, et parfois commencent, par des parades idéologiques. Aux États-Unis, en marge des fractures politiques et culturelles, perdure une forme très ancienne de violence, qui échappe aux aspérités partisanes et à la criminalité ordinaire ; une violence « dépolitisée », individualisée, « désaffiliée », qui frappe indifféremment des personnes, des communautés ethniques, des inconnus, plutôt que les pouvoirs établis et les symboles de l'autorité. Notre anarchisme latent est l'expression exacerbée, imprévisible, souvent vite retombée, d'une insatisfaction démocratique inscrite à l'intérieur de l'espace démocratique. En Amérique, la violence « dépolitisée » ne se réclame, si ce n'est confusément, d'aucun droit, d'aucune « valeur », et ne vise que son propre accomplissement.

La forme la plus spectaculaire de cette violence-là, ce sont les « fusillades de masse » – des tueries qui font au moins quatre victimes, morts ou blessés. Les proportions vertigineuses qu'elles prirent depuis une décennie ne sont propres qu'aux États-Unis. La moisson funèbre des cinq dernières années en dit assez. Octobre 2017, à un festival de musique à Las Vegas : cinquante-huit morts et des centaines de blessés. Février 2018, dans un lycée de Parkland, en Floride : quatorze enfants et trois membres du personnel assassinés, dix-sept blessés. Octobre 2018, dans une synagogue de Pittsburgh : onze victimes et six blessés. Le 3 août 2019, attaque d'un hypermarché d'El Paso fréquenté par des Hispaniques : vingt-trois tués et autant de blessés. Quelques heures plus tard, dans un bar de Dayton, Ohio : neuf morts et vingt-sept blessés. Le 14 mai dernier, dans un supermarché d'un quartier noir de Buffalo : dix morts. Trois jours plus tard, dans une école élémentaire d'Uvalde, au Texas : dix-neuf enfants et deux institutrices massacrés. Le 4 juillet, fête de l'Indépendance, à Highland Park, dans l'Illinois : sept morts et des dizaines de blessés. À Chicago, le même jour, une dizaine de victimes tuées par arme à feu et plus de soixante blessés. On est loin tout de même de nos banlieues agitées et de nos zones de non-droit.

La dernière décennie a été le théâtre de quelque 3 500 fusillades aux États-Unis. Et le bilan ne cesse de s'alourdir d'une année à l'autre : 417 tueries de masse en 2019, 610 en 2020, 691 en 2021 (1)... Nonobstant les dénégations du lobby de la puissante National Rifle Association et ses auxiliaires politiques, la contagion du phénomène paraît étroitement corrélée à la vente d'armes individuelles : plus de 43 millions d'engins écoulés en 2020 et en 2021, alors que le nombre des victimes d'homicides par arme à feu atteint un record historique, quelque 45 000 chaque année. Cette recrudescence spectaculaire se traduit par une banalisation concomitante de l'usage des engins mortels : des disputes qu'on réglait hier par des bagarres dégénèrent aujourd'hui en fusillades (2). Parmi les auteurs de ces massacres figurent désormais des adolescents, comme le meurtrier d'Uvalde, 18 ans, qui avait annoncé et célébré son forfait à l'avance sur les réseaux numériques, tel un trophée de chasse.

Cette violence endémique déborde la chronique des faits divers : il s'agit d'un phénomène historique, culturel, dans un pays où la liberté et la violence ont partie liée depuis ses plus lointaines origines. C'est au nom de la liberté individuelle que les partisans des armes à feu invoquent le droit de les porter. Et l'argument résonne d'autant plus qu'il touche à une mythologie nationale – la lutte pour l'indépendance, la conquête de l'Ouest, la défense de la démocratie, personnifiées par la figure du cavalier solitaire chevauchant les armes à la main pour défendre la frontière, la civilisation et les siens. Quand la Cour suprême a annulé récemment des restrictions imposées par l'État de New York à l'acquisition de certaines armes, elle en appelait précisément à l'« immuable tradition » qui rattache le port d'armes au « droit individuel à l'autodéfense ». Un narratif national élevé à la dignité d'une maxime judiciaire…

Devant l'influence du lobby des armes à feu, la complaisance plus ou moins candide de certains élus républicains, l'aval occasionnel des juges et la paralysie du Congrès, la sainte communion de la violence et de la liberté continue de réclamer ses mortelles rançons. Seulement, à la faveur de la polarisation qui déchire le pays, elle finit par gagner la sphère politique. Jusqu'à produire, le 6 janvier 2021, l'émeute du Capitole, où les formes traditionnelles de la violence se sont mises au service d'un objectif partisan : empêcher par la force, au nom du droit, la validation de l'élection présidentielle. Les sondages, depuis, indiquent que quinze à vingt millions d'Américains d'âge adulte pensent que la violence serait justifiée pour réinstaller Donald Trump au pouvoir (3).

France : l'« esprit insurrecteur »

Quand on porte le regard à la naissance, presque simultanée, des deux démocraties, c'est l'Amérique qui paraît relativement paisible. La France, elle, se trouve en proie à des convulsions sans fin et à l'impuissance chronique à graver les principes de 1789 dans une charte constitutionnelle tant soit peu durable. Cependant que les insurgents d'Amérique en appellent d'une seule voix au droit naturel pour déclarer leur indépendance, puis se donner une Constitution fédérale devenue aussitôt un monument sacré. L'Amérique, écrira Tocqueville, à la différence de la France, est « arrivée à la démocratie sans souffrir de révolution démocratique ».

Des violences qui scandent la Révolution française, le pire auteur n'est pas le peuple, mais l'armée des démagogues, des agitateurs, des enragés, les clubs, les sections qui parlent et agissent en son nom : de 1789 à thermidor, celui qui parvient à incarner, momentanément, la « souveraineté du peuple » est appareillé pour briguer le monopole de la violence révolutionnaire. Émeutier, notre peuple certes l'a été de tout temps, mais cette longue « rébellion française » renvoie à des raisons souvent frumentaires ou fiscales, plus rarement à des questions politiques (4). Et il se tiendra, Michelet le dit et redit, largement étranger à la Terreur et à la machinerie du Comité de salut public : « Le peuple, en 1793, est rentré chez lui. (5) » Il en va de même des « journées révolutionnaires » durant cette décennie orageuse : là encore, l'acteur principal n'est pas le peuple de Michelet mais des « gens de métier », artisans, commerçants, compagnons, apprentis (6)...

La violence révolutionnaire est le bras armé de l'esprit révolutionnaire, combustible intarissable de la Révolution. C'est un appareil de pouvoir surpuissant et insaisissable, adossé à une idéologie flottante, une rhétorique guerrière, des luttes partisanes, des incriminations meurtrières et aux deux ferments qui les alimentent : la haine politique, des privilèges, de l'aristocratie, de la contre-révolution, de la modération... ; la pathologie du soupçon que l'ombre portée de l'ancien ordre ne cesse de rallumer (7).

Cette violence-là, Louis Sébastien Mercier, observateur averti des choses vues de la capitale, l'attribue – l'un des premiers avec Edmund Burke – au fanatisme chimérique de la table rase. « Nous avons confondu ce qu'il fallait détruire avec ce qu'il eût fallu conserver *[...]*; on a voulu faire de nous des hommes nouveaux, et l'on en a presque fait des sauvages. » Des apprentis philosophes amalgamaient confusément les grands livres du siècle pour en former « une espèce de pâte *[...]* que les esprits ordinaires ne pouvaient digérer », un « demi-savoir » qui produit pis que la barbarie, puisqu'il fait circuler « une foule d'erreurs dans les veines du corps politique » (8).

À la Convention, Mercier voit des « êtres artificieux » rivaliser d'outrances pour achever de « démonarchiser » la France. C'est là que l'« esprit insurrecteur » trouve son plus redoutable foyer, où se délient « l'ambitieuse tourbe démagogique » et tant de sinistres palabres que les murs de cette enceinte « ont été encroûtés de l'encens prodigué par la sottise populacière et la tyrannie effrénée ». Au cours du procès de Louis XVI, il entend le boucher Legendre proposer qu'on mette le roi à mort et qu'on coupe son corps en quatre-vingt-trois morceaux pour les expédier dans chacun des départements, manière d'attester au peuple souverain le démembrement du cadavre de la royauté abattue. Le mot fait mouche. « Legendre était brutal, non parce qu'il était boucher, mais parce qu'il avait cru que la brutalité entrait dans la composition d'un républicain. (9) »

L'énormité symbolique du régicide, que la tradition républicaine s'appliquait – et réussit – à banaliser, n'a d'équivalent que le séisme de sa portée politique : la guillotine fait décapiter un principe d'incarnation qui avait gouverné l'imaginaire national pendant des siècles. Cet acte de violence indicible aura dégradé la politique à l'état de nature, comme l'écrira Kant. Il constitue l'épisode inaugural de la Terreur, autre fabrication inédite de l'esprit révolutionnaire : un système implacable de violence politique et de verbiage patriotique qui érige le meurtre légal en instrument de salut public.

Amérique : une « régression du procès de civilisation »

Quel contraste avec l'Amérique des Pères fondateurs qui surent mettre les principes et les actes à l'unisson, sous les auspices bienveillants du droit naturel et de la philosophie politique, « sans qu'il en coûte une larme ni une goutte de sang à l'humanité » (10) : eux n'ont pas hésité à solliciter l'expérience du passé, à adapter de la tradition anglaise, en le « républicanisant », le système de l'équilibre des pouvoirs honni par les métaphysiciens français de la souveraineté populaire. Les prestiges de leur démocratie naissante finiront par les prémunir, après une brève « communion dans l'universel », contre les dérives de la Révolution française. En 1793, Hamilton redoute la « contamination » d'une France jacobine livrée au système « le plus sanguinaire et le plus violent qui a jamais flétri les annales de l'humanité » (11).

Cette victorieuse fondation, succédant à une guerre de l'Indépendance relativement peu meurtrière, ne saurait cependant faire omettre les taches, et les violences précisément, que son légendaire allait effacer. À commencer par l'exode des « loyalistes », demeurés fidèles à la couronne britannique, quelque 20 % de la population coloniale. Sept mille d'entre eux ont péri et plus de quatre-vingt mille devaient fuir le pays – proportionnellement six fois le nombre des émigrés français. Hector St. John de Crèvecœur, un gentilhomme normand installé dans les colonies américaines, se souviendra de « patriotes fanatiques » persécutant et terrorisant ces réfractaires à l'indépendance, qui allaient bientôt sombrer dans l'oubli (12).

La violence sociale est loin d'être un phénomène nouveau à l'époque. Tout au long du XVIIIe siècle, des émeutes paralysent périodiquement les grandes villes des colonies. Ces « révoltes hors-les-murs *[du droit]* » ne sont ni spontanées ni anarchiques, comme les flambées paysannes qui jalonnent la « rébellion française » ; elles sont conduites par des fermiers en colère qui usent de la violence et de l'intimidation pour atteindre des objectifs fiscaux ou arracher des concessions aux autorités. Ce qui les provoque, c'est moins le joug du gouvernement que son impuissance : elles procèdent, là encore, de l'esprit d'initiative imprimé dans la complexion originelle de la société américaine. Ces mouvements vont donner naissance en effet à une multiplicité de comités, conventions, « assemblées populaires », que la Constitution fédérale tâchera d'encadrer dans des bornes légales (13).

La violence civile allait s'étendre et s'intensifier pendant le demi-siècle qui suivait l'indépendance, au rythme accéléré de la croissance démographique et de la « conquête de l'Ouest » : ces bouleversements exacerbaient la passion de l'égalité et la méfiance envers les pouvoirs établis ; plus on allait vers les territoires frontaliers, moins on reconnaissait les formes d'une démocratie réglée. Le problème de l'Amérique, se désole un contemporain, est que tout le monde réclame l'indépendance, envers les autorités locales, les États, le gouvernement fédéral, ses semblables... La recomposition de la population américaine par un flot continu d'immigrés, déplore un autre, entraîne une brutalisation des usages, une désaffiliation sociale, voire une « régression du procès de civilisation », jusqu'à dégrader les mœurs publiques – alors même que s'enracine par ailleurs l'esprit des institutions légué par les Fondateurs. Révolution heureuse, violence civile, individualisme outré (14).

Dans les pas de Tocqueville

Pour observer cette violence et ses avatars, il n'est pas meilleur guide que Tocqueville, le voyageur, puis l'ausculteur incomparable de la démocratie américaine, enfin l'observateur alarmé de ses tribulations dans les années 1850.

Au cours de son séjour à Philadelphie, fin 1831, il est frappé par l'« égalité extrême » qui commande la conduite des individus, jusqu'à leur rapport à la violence. Ainsi le duel qui, en France, ressortit à l'éthique de l'honneur, alors qu'en Amérique « il n'est plus que le moyen de satisfaire en dehors des lois les plus violentes et les plus implacables passions. En Europe, on ne se bat guère que pour pouvoir dire qu'on s'est battu *[...]*. En Amérique, on ne se bat que pour tuer ». Quelques mois plus tard, un avocat croisé en Alabama lui décrit tout le mal que produisent les effets néfastes de l'individualisme et cette conviction que le peuple peut tout faire, chose qui explique la férocité de mœurs dans les États du Sud (15).

Tocqueville lui-même associe la violence à l'inégalité liée à l'esclavage dans le Sud et à l'immaturité démocratique dans l'Ouest, semblable au « *puer robustus* » de Hobbes, cet enfant vigoureux qui manque encore d'éducation à la vie civile (16). Il demeure convaincu, en revanche, que les États du Nord sont pacifiques parce que tous y vivent sous le même État social – l'égalité des conditions – « qui donne aux hommes plus de liberté de changer et moins d'intérêt au changement » ; que les sociétés démocratiques répugnent aux « vertus turbulentes », à l'esprit guerrier, encore moins aux révolutions ; que la Constitution fédérale, victoire de la raison politique, ne pouvait être inventée et maintenue que par un peuple éclairé d'une longue et paisible expérience de l'égalité. « En Amérique, on a des idées et des passions démocratiques ; en Europe, nous avons encore des passions et des idées révolutionnaires. (17) »

À peine deux décennies après la publication de son chef-d'œuvre, c'est une autre Amérique que Tocqueville observe, à distance, avec un pessimisme croissant ; un pays travaillé par des crises économiques récurrentes, des émeutes urbaines, la violence, l'incivilité, une corruption politique rampante et l'impuissance souvent des pouvoirs publics à enrayer les désordres civils (18). Il voit à l'œuvre les ferments corrosifs qu'il pressentait déjà dans son ouvrage, à commencer par l'abus de l'esprit d'indépendance et la passion du bien-être, qui accélèrent la désaffiliation politique. Lui incline à attribuer cette régression démocratique d'abord à l'afflux non maîtrisé des populations nouvelles – irlandaises et allemandes – promptes à user de la violence et à défier les autorités publiques ; jusqu'à craindre que la machine à assimiler, garante de l'ordre social, se trouve grippée. Il est bien difficile, confie-t-il à un ami américain, « que vous digériez assez vite tant de corps étrangers pour pouvoir les incorporer à votre substance *[...]* » (19). Réflexion prophétique...

Tocqueville découvre aussi l'ascendant de l'économie sur la situation de la démocratie. La crise de 1857 – inflation du crédit, effondrement des cours, faillites en chaîne – révèle les effets délétères de la passion de s'enrichir et, plus généralement, le poids redoutable du marché, de l'affairisme et des conflits d'intérêts, générateurs de violences.

Il interroge enfin l'influence dangereuse des hommes et des territoires de l'Ouest, qui forment à peine une société.

> « On assure que la portion de la population qui a encore des mœurs violentes et des habitudes rudes donne de plus en plus le ton au reste ; *[...]* à ce point que beaucoup de gens paisibles portent des armes sur eux, dans le cas où ils seraient réduits à la légitime défense ; on ajoute que ce mal est accru par l'état de plus en plus imparfait

de la justice qui *[...]* cesse souvent d'offrir une garantie suffisante au particulier pour qu'il ne prenne pas quelquefois sur lui-même le soin de se défendre. (20) »

Certains de ses interlocuteurs américains objectent. Certes, l'esprit d'aventure et de conquête, favorisé notamment par l'acquisition du Texas et de la Californie, excite des aspirations immodérées et des agitations, mais il demeure inhérent à l'« élément démocratique ». Les tares de la société américaine renvoient plutôt au système de domination des « puissants » – les spéculateurs, Wall Street, les élites, détournés de la vie politique, et surtout, dans les États du Sud, la « plantocratie » et l'esclavage. Tocqueville n'en disconvient pas : ce mal est « un poison introduit dans le cœur de la nation, qui coule dans ses veines et ses artères » (21). Les violences qu'il fait naître sont contagieuses et atteignent jusqu'au Capitole : un de ses amis, Charles Sumner, se fait bastonner par un élu sudiste dans l'enceinte du Sénat après avoir dénoncé violemment l'esclavage.

À défaut de prédire la guerre de Sécession, Tocqueville aperçoit les germes qui la rendent inévitable. Il meurt deux ans avant qu'elle n'éclate. Lui, pas plus qu'un autre, ne pouvait imaginer la férocité et les ravages qu'elle allait produire : plus de 600 000 morts, des États dévastés, l'économie esclavagiste démontée, la classe des planteurs détruite... Ici, la violence portée à son paroxysme engage non seulement des individus et des intérêts : c'est une guerre de principes, de citoyens, opposant deux armées régulières, dont le dessein – réalisé à un prix exorbitant – est de forcer coûte que coûte le triomphe de l'égalité.

Au sortir de cette guerre terrible, les Américains vont retrouver les passions et les intérêts qui l'avaient précédée. Toujours rétifs aux théories et trop occupés à faire et à croître pour penser aux révolutions.

Et la France ? Les régimes se succèdent mais notre « anarchisme latent » perdure et le goût des grands réquisitoires prospère, jusque sous nos monarques républicains. Les professeurs de l'indignation ont gagné en aplomb ce que leurs aînés avaient perdu en substance intellectuelle. Mais le fond reste le même : haine des « privilèges », des élites, du locataire de l'Élysée...

C'est un signe d'époque que notre démocratie ait rehaussé un personnage resté longtemps marginal, et politiquement mineur, comme Jean-Luc Mélenchon, un *think tank* révolutionnaire à lui tout seul. Ex-sénateur à vie (à 35 ans et pendant plus de deux décennies), c'est entre les lambris de la Haute Assemblée et les parages de l'extrême gauche idéologique que ce professionnel de l'insoumission allait briguer son élévation, mi-Hébert, mi-Lider Maximo, fulminant, grandiloquent. Il tenait dans notre paysage politique un bureau d'esprit insurrectionnel qui épatait jusqu'à ses ennemis de classe, divertis par cette accointance sulfureuse et nullement contrariés par son zèle voyant pour plusieurs dictateurs de la planète. Ses camarades socialistes, eux, se moquaient gentiment de lui, en le mortifiant. Il allait les surprendre.

Longtemps, en effet, cet amant platonique du Grand Soir était à la violence, et à la révolution, ce que Bernard-Henri Lévy est à la guerre : un mercenaire du verbe dans l'arène bien protégée de la « politique littéraire », vieille spécialité nationale, ainsi nommée par Tocqueville. Seulement, nous sommes en train de changer de monde. Et la radicalité virtuelle de M. Mélenchon a fini par trouver son marché – hétéroclite, discordant, mais bien accordé à l'air du temps. La dépolitisation de nos démocraties, le brouillage idéologique, la faillite des partis traditionnels et la communautarisation de la politique, exacerbés par les réseaux numériques, procurent aujourd'hui à ce routier de la révolte un levier électoral et un pouvoir de nuisance inédits.

La Révolution est bel et bien terminée, mais la stratégie de rupture perpétuelle offre à l'« esprit insurrecteur », à défaut de contenu, une nouvelle jeunesse.

1. Données fournies par Gun Violence Archive, citées dans deux enquêtes du *Washington Post* des 22 mai et 2 juin 2022.
2. Données et propos tirés de « The Staggering Scope of U.S. Gun Deaths Goes far Beyond Mass Shootings », *The Washington Post*, 8 juillet 2022.
3. Études du politologue Robert Pape, citées dans une enquête du *New York Times* du 13 août 2022.
4. Jean Nicolas, *La Rébellion française, 1661-1789*, Seuil, 2002.
5. *Histoire de la Révolution française*, de Jules Michelet, tome II, coll. « Bibliothèque de la Pléiade », Gallimard, 1952, p. 7-8.
6. Antoine Boulant, *La Journée révolutionnaire. Le peuple à l'assaut du pouvoir. 1789-1795*, Passés composés, 2021, p. 42-45.
7. Sur les caractères originaux du phénomène, voir Ran Halévi, « La France et l'esprit révolutionnaire », *Revue des Deux Mondes*, novembre 2015, p. 26-36.
8. Louis Sébastien Mercier, *Le Nouveau Paris*, édition de Jean-Claude Bonnet, Mercure de France, 1994, p. 44, 241-242.
9. *Idem*, p. 73, 186, 934.
10. Alexis de Tocqueville, *De la démocratie en Amérique*, tome I, 1re partie, chapitre VIII.

11. Ran Halévi, « France-Amérique. La scène primitive d'une mésintelligence pacifique », *Le Débat*, n° 129, 2004.
12. Gordon S. Wood, *The Radicalism of the American Revolution*, New York, Alfred A. Knopf, 1992, p. 176-177 ; St. John de Crèvecœur, *Sketches of Eighteenth Century America*, rééd. Yale University Press, 1925, p. 250-332 *passim*.
13. Gordon S. Wood, *The Creation of the American Republic, 1776-1787*, New York, W. W. Norton, 1972, p. 319-328.
14. Gordon S. Wood, « A World Within Itself », *The Radicalism of the American Revolution*, *op. cit.*, p. 305-325.
15. Alexis de Tocqueville, *Œuvres*, tome I, coll. « Bibliothèque de la Pléiade », Gallimard, 1991, p. 124, 236-237.
16. Alexis de Tocqueville, *De la démocratie en Amérique*, tome I, *op. cit.*, 2e partie, chapitre IX.
17. Alexis de Tocqueville, *De la démocratie en Amérique*, tome II, *op. cit.*, 3e partie, chapitres XVIII et XXI.
18. Je suis ici l'analyse de Françoise Mélonio, « Tocqueville et les malheurs de la démocratie américaine (1831-1859) », *Commentaire*, n° 38, 1987, p. 381-389.
19. Alexis de Tocqueville, *Œuvres*, tome II, coll. « Bibliothèque de la Pléiade », Gallimard, 1992, p. 159, lettre du 14 août 1854.
20. *Idem*, p. 215, lettre du 9 octobre 1857.
21. Échanges cités et analysés par Jennifer Pitts, « Democracy and Domination : Empire, Slavery, and Democratic Corruption in Tocqueville's Thought », in Ewa Atanassow et Richard Boyd (dir.), *Tocqueville and the Frontiers of Democracy*, Cambridge University Press, 2013, p. 254-257.

LE RETOUR DE LA VIOLENCE DANS LES RELATIONS INTERNATIONALES

› **Renaud Girard**

Dans la perception européenne, l'agression militaire de l'Ukraine par la Russie le 24 février dernier marque un retour de la violence dans les relations internationales.

En effet, c'est la première fois, depuis la conférence de Yalta en 1945, qu'un pays européen envahit un autre pays souverain d'Europe.

Certes, il y avait eu, à Berlin en 1953, à Budapest en 1956, à Prague en 1968, la répression, par les chars soviétiques, des mouvements d'émancipation des populations locales. Mais ces expéditions répressives de l'URSS, aussi moralement réprouvées fussent-elles par les opinions publiques du Vieux Continent, s'inscrivaient dans l'ordre international européen mis en place par Staline, Roosevelt et Churchill lors de leur sommet de février 1945 en Crimée. En ces temps de guerre froide, il ne serait même pas venu à l'idée des Américains de livrer des armes aux insurgés hongrois ou tchécoslovaques, ou d'infliger des sanctions économiques à l'Union soviétique.

Certes aussi, l'Europe avait été touchée par les guerres provoquées, entre 1991 et 1999, par l'éclatement politique de la Fédération yougoslave construite par Tito à l'issue du second conflit mondial. Mais cet éclatement avait pris la forme d'une implosion, pas d'une explosion. Ce fut une guerre civile interne, qui ne mit pas en cause la souveraineté des États voisins de la Yougoslavie.

En revanche, marqués sans doute par leur dégoût de l'usage de la violence en politique internationale par les totalitarismes nazi et soviétique, les Tchèques et les Slovaques surent divorcer pacifiquement, à l'amiable, le 31 décembre 1992. Les deux pays s'entendent aujourd'hui parfaitement, se concertant fréquemment au sein du groupe de Visegrád de l'Union européenne, dont ils sont l'un et l'autre membres.

Le travail avéré des Européens pour la paix

Il est vrai que les leaders européens, dès la fin des années quarante, ont beaucoup travaillé à ce que la guerre ne puisse plus revenir sur le continent européen. Ce ne fut pas seulement la construction européenne, du traité de Paris de 1951 créant la CECA (Communauté européenne du charbon et de l'acier) au traité de Maastricht (1992) instituant l'Union monétaire. Ce fut aussi la conférence d'Helsinki de 1975 sur la sécurité et la coopération en Europe. Signés par l'URSS, les États-Unis, le Canada et trente-trois pays européens, les accords d'Helsinki entérinaient les principes d'égalité souveraine des États; de non-recours à la menace ou à l'emploi de la force; d'inviolabilité des frontières; d'intégrité territoriale des États; de règlement pacifique des différends; de non-intervention dans les affaires intérieures. Ces principes furent proclamés, sinon parfaitement appliqués, en Europe de 1975 à 2022. Créée *ad hoc*, une organisation internationale (l'OSCE) était chargée d'en contrôler l'application.

Renaud Girard est correspondant de guerre depuis 1984. Tous les mardis, il tient la chronique internationale du *Figaro*. En 2014, il a reçu le Grand Prix de la presse internationale pour l'ensemble de sa carrière. Dernier ouvrage publié : *Quelle diplomatie pour la France ? Prendre les réalités telles qu'elles sont* (Cerf, 2017).
› rgirard@lefigaro.fr

Il faut se souvenir qu'après la Seconde Guerre mondiale et son cortège d'atrocités inédites, les grandes puissances avaient toutes proclamé que la poursuite du « bien commun » de l'humanité constituait désormais le fondement de leur politique étrangère. Elles l'ont fait en signant la Charte des Nations unies, mais aussi dans des déclarations particulières. Tout s'est passé comme si elles avaient inconsciemment voulu intégrer à l'ordre international ce que le dominicain Thomas d'Aquin avait prescrit pour l'ordre politique, dès la fin du XIIIe siècle, dans sa théorie de la « guerre juste ».

Cet impératif de construire le bien commun du monde irrigue aussi bien le discours de George Marshall à Harvard en 1947 que les résolutions du Kominform de 1949. La guerre froide, c'est-à-dire la grande course à l'influence mondiale que se font les Empires américain et russe, se déroule sous l'étendard « vertueux » de l'aide aux nations faibles et pauvres. Même s'il y a toujours de l'hypocrisie, le développement et la paix dans le monde sont proclamés comme buts diplomatiques premiers, aussi bien à Moscou qu'à Washington.

Lorsque les vingt-neuf participants « non alignés » de la conférence de Bandung (1955) – où se distinguent Nehru, Sukarno, Nasser, Nkrumah et Zhou Enlai – rejettent la logique des deux blocs, ils le font eux aussi au nom du bien commun de l'humanité. Lequel est, à leurs yeux, servi par la liberté des peuples et la stricte égalité entre toutes les nations.

En 1965, lorsqu'il a réussi à redonner son indépendance à la politique étrangère de Paris, le général de Gaulle rappelle, dans une conférence de presse du mois de septembre restée célèbre, que la France a recouvré une vocation mondiale, et que le but ultime de sa diplomatie est de concourir à « la mise en valeur de la Terre tout entière ».

Après la fin de la guerre froide, l'hyperpuissance américaine cherche à entraîner derrière elle toutes les autres nations pour bâtir un « nouvel ordre mondial ». C'est l'expression utilisée par le président George H. W. Bush devant le Congrès en septembre 1990, peu après l'invasion du Koweït par l'Irak. Pour favoriser la paix dans le monde, les États-Unis préconisent le respect du droit international – incarné par l'ONU –, et le libre-échangisme économique – incarné par l'OMC.

Dans ces années quatre-vingt-dix, l'Europe, la Chine, l'Inde et la Russie ne marquent pas le moindre désaccord avec eux. Quand l'Assemblée générale de l'ONU proclame que 2000 sera l'« année internationale de la culture de la paix », les grandes puissances ont toutes le sentiment sincère d'y concourir.

La rupture du néoconservatisme américain

Lorsque George W. Bush arrive à la Maison-Blanche en janvier 2001, il ne s'entoure pas comme son père de réalistes metternichiens, mais de néoconservateurs idéalistes. En disciples autoproclamés de Leo Strauss, ces derniers exècrent la violence et le nihilisme à l'œuvre dans les dictatures orientales contemporaines, et veulent faire prévaloir partout le règne de nos vieux bons principes démocratiques. Mais, aveuglés par leur idéologie, ils prétendent, tels les marxistes qu'ils avaient naguère combattus, faire table rase du passé : ils s'affranchissent du droit international et détruisent le système onusien qu'avait réhabilité le père Bush. Ils envahissent l'Irak en mars 2003, sans autorisation du Conseil de sécurité.

Les conséquences du fiasco irakien dépasseront largement le cadre de la Mésopotamie. Pour avoir bafoué le droit des gens puis échoué sur le terrain, pour avoir pavé l'enfer de leurs bonnes intentions, les néoconservateurs deviendront inaudibles à travers la planète. Ce sont ces universalistes qui ont, sans le vouloir, tué l'universalisme.

Ensuite, les États-Unis, traumatisés, se sont progressivement retirés du monde, passant du « *leading from behind* » d'Obama à l'« *America first* » de Trump.

Stupéfiés par le viol de l'ONU de 2003, les Russes ont progressivement pris leurs propres libertés avec le droit international, en Géorgie en 2008, et en Ukraine dès 2014 (*via* l'annexion de la Crimée et l'ingérence dans le Donbass). La Russie est désormais repliée sur une anachronique stratégie d'influence bottée sur les marches de son ancien empire, qui n'existe plus. Cette stratégie de retour à la violence de la Russie dans les relations avec son étranger proche n'a aucune chance de réussir. Elle est même contre-productive. Dans un article historique de 2021, Vladimir Poutine niait qu'il existât vraiment une nation ukrainienne. En l'agressant en février 2022 et en provoquant sa magnifique résistance, il l'a sûrement créée pour de bon. Poutine disait voir des « frères » chez les Ukrainiens. Il en a fait des ennemis de la Russie pour cent ans.

Quant à l'esprit de Bandung, il s'est évaporé. La Chine, dotée d'un nouvel empereur, ne songe qu'à renforcer ses routes commerciales, marchant sur les pieds de ses voisins, ignorant l'esprit des accords de l'OMC. L'Inde, gagnée par un consumérisme mâtiné de nationalisme hindou, a renoncé à propager le gandhisme. Le panarabisme est mort et la Yougoslavie a disparu.

Même en Europe, nous sommes passés, de 2000 à 2020, à l'ère du chacun pour soi. La Grèce de Papandréou méritait-elle vraiment une purge aussi violente ? Qu'aurait coûté à l'Allemagne de lui tendre une main plus charitable ?

La violence ne paie plus

Dans les relations internationales, le principe de la poursuite du bien commun n'a jamais été une garantie de paix. Mais il s'en rapproche bien davantage que le repli du chacun pour soi. Le sain recours au pragmatisme ne devrait jamais signifier le glissement vers l'isolationnisme.

La belle solidarité que l'Europe a montrée, dès le 24 février dernier, à l'égard de l'Ukraine agressée, aura à long terme un effet positif contre le retour de la violence dans les relations internationales. Les Européens ont voulu signifier que non seulement la violence interétatique était moralement condamnable mais qu'elle était aussi contre-productive géopolitiquement.

Si l'on s'en tient à un examen de l'histoire planétaire depuis la fin de la Seconde Guerre mondiale, force est de constater que le recours à la violence ne paie plus dans les relations internationales.

En mai 1948, les États arabes du Levant, qui n'acceptaient pas le plan de partage de la Palestine de novembre 1947 dessiné par l'ONU, attaquèrent le jeune État israélien, le jour même de la proclamation de son indépendance. Ce recours à la violence par l'Égypte, la Syrie, le Liban, la Jordanie et l'Irak fut contre-productif pour les Arabes palestiniens que ces États membres de la Ligue arabe prétendaient aider. Le plan de partage onusien accordait 42 % du territoire de la Palestine mandataire à l'État arabe, contre 58 % à l'État juif. En 1949, à l'issue de la guerre perdue par les États arabes, Israël étendit son contrôle sur 78 % du territoire de la Palestine mandataire, le reste étant administré par la Jordanie, 700 000 Palestiniens quittaient alors leurs foyers, pour aller croupir dans des camps de réfugiés au Liban, en Syrie, à Gaza.

Sans que nous puissions ici décrire *in extenso* tous les conflits périphériques à l'Europe depuis 1945, on retrouve partout l'élément contre-productif du recours à la violence dans les relations internationales. Échec de l'agression sino-russe en 1950 pour s'emparer de toute la péninsule coréenne ; échec de l'expédition de Suez franco-britannique en 1956 ; échec de la baie des Cochons contre Cuba en avril 1961 ; échec de l'engagement militaire américain au Vietnam de 1964 à 1975 ; échec de l'agression chinoise du Vietnam en 1979 ; échec de l'invasion soviétique de l'Afghanistan de 1979 à 1989 ; échec de l'agression argentine contre les Malouines en 1982 ; échec de l'invasion anglo-saxonne de l'Irak de 2003 à 2011 ; catastrophe de l'ingérence franco-britannique en Libye en 2011 ; échec de l'engagement américain en Afghanistan de 2001 à 2021 ; échec programmé de l'invasion russe de l'Ukraine en 2022.

Tout se passe comme s'il y avait désormais, bien ancrés au plus profond des nations, un sentiment de fierté et un attachement à leur souveraineté qui, à la longue, finissaient toujours par faire échouer le recours à la violence dans les relations internationales.

LITTÉRATURE

SUZANNE ET JACQUES JULLIARD

« ARAGON EST À LA FOIS UN HOMME DE GAUCHE ET UN ÉCRIVAIN DE RACE DE DROITE »

› propos recueillis par **Yves Delafoy**

À l'occasion du quarantième anniversaire de la mort de Louis Aragon, Suzanne et Jacques Julliard reviennent sur les engagements politiques et littéraires du grand poète et écrivain. Homme du « mentir vrai », restaurateur de la rime, animateur de la Résistance par le verbe, mais aussi fidèle compagnon du communisme jusque dans ses plus sombres extrémités, Aragon n'aura cessé de provoquer au travers de sa vie et de son œuvre les interrogations les plus contrastées.

« **Revue des Deux Mondes – Quelles ont été les réactions de la classe politique à l'annonce de la mort de Louis Aragon le 24 décembre 1982 ?**

Jacques Julliard Je parlerais davantage de la classe politico-littéraire. Les gens que l'on cite volontiers à ce sujet, au premier chef quelqu'un qui a été notre ami et avec qui nous avons souvent parlé d'Aragon, Jean d'Ormesson, était typiquement représentatif de ce monde. Jean d'Ormesson était l'une des grandes plumes du *Figaro*, et ce qu'il disait portait. Or, à la mort d'Aragon, *Le Figaro* fut au moins aussi élogieux, peut-être même plus que *L'Humanité*. « Le plus grand poète français est mort. Et un romancier de génie », écrivit-il dès le lendemain. De génie ! C'est-à-dire sur le même plan que Balzac… « Et un critique, un essayiste, un polémiste hors pair. Un écrivain universel pour qui tout était possible et qui ne reculait devant rien. » Il y a là quelque chose d'étonnant. Pour moi la seule explication c'est que la droite salue en Aragon un grand écrivain de droite. Pas un grand politique de droite, naturellement. L'homme qui a restauré la rime, les rythmes, le sonnet, ne pouvait pas ne pas susciter à droite de réelles sympathies. Même lorsqu'il écrit des œuvres de gauche, je pense à ses premiers romans, que l'on pourrait qualifier de « marxistes », avec une dénonciation de la grande bourgeoisie d'affaires, *Les Beaux Quartiers* par exemple, il le fait dans un cadre littéraire qui plaît beaucoup à la droite. Et finalement celle-ci, intelligemment, comprend que ce qui restera d'Aragon, ce n'est pas sa contribution à la politique française au XXe siècle, c'est sa contribution littéraire.

De plus, ce qui montre bien ce rapport très particulier de la droite avec Aragon, c'est qu'elle n'a jamais eu les mêmes sentiments à l'égard de Paul Éluard, d'André Breton, de Jean-Paul Sartre, ou de toute une série de gens de gauche, elle ne les a pas salués comme des écrivains universels. Aussi le cas Aragon est-il très particulier. Il est à la fois un homme de gauche et un écrivain de race de droite. C'est pour cette raison que Jean d'Ormesson reconnut en lui l'un des siens. Et il ne fut pas le seul. Je pense à Jean Dutourd, qui demanda des funérailles nationales pour lui.

Suzanne Julliard est normalienne, ancien professeur de lettres en classe préparatoire, auteur d'une *Anthologie de la poésie française* et d'une *Anthologie de la prose française*. Elle est mariée depuis 1957 à Jacques Julliard, historien et essayiste, dont le dernier ouvrage, *Carnets inédits 1987-2020*, est paru aux éditions Bouquins (2021).

Revue des Deux Mondes – Funérailles nationales que Mitterrand a refusées. Comment peut-on expliquer ce refus ?

Jacques Julliard Réglons le cas Mitterrand tout de suite : s'il a écarté l'idée de funérailles nationales, c'est qu'il avait déjà assez de têtes communistes dans son gouvernement. Et qu'il ne tenait pas à leur faire la part trop grande ou à les monter au pinacle par le biais d'Aragon. L'union est un combat, disait-on à l'époque, et le but de l'union c'était, entre autres, de les étouffer. Donc pas question de faire des funérailles nationales. J'ajouterais que les goûts littéraires de Mitterrand ne le portaient pas du côté d'Aragon.

Revue des Deux Mondes – Aragon partagea une vision très orthodoxe du communisme, et fut un stalinien convaincu. Il a fait le choix de ne rien dire, et surtout de ne rien voir, des horreurs du stalinisme, malgré notamment le suicide de Maïakovski et l'exécution de Primakov (ses deux beaux-frères). Jacques Julliard, en tant qu'historien, comment comprenez-vous cet aveuglement ?

Jacques Julliard Je ne l'explique pas comme historien, mais comme psychologue – ce que je ne suis pas. Voici deux vers d'Aragon qui en disent long là-dessus : « Mon Parti m'a rendu mes yeux et ma mémoire / Je ne savais plus rien de ce qu'un enfant sait ». C'est tout simplement que le Parti c'est à la fois son père et sa mère. On ne juge pas ses parents, même s'ils sont criminels. De la part de quelqu'un qui n'est certes pas un orphelin, mais qui n'a pas été reconnu par son père, je crois qu'il a investi dans le Parti communiste, en vendant son âme, quelque chose d'affectif qui n'avait plus rien de rationnel. Parce qu'Aragon n'est pas un lâche. Son comportement durant les deux guerres mondiales, volontaire pour aller comme médecin auxiliaire au front, montre bien que c'est un homme qui a su montrer du courage dans un certain nombre de cas. Or, là, devant son Parti, il est d'une lâcheté intellectuelle totale, parce qu'il est évident qu'il sait – comme tout le monde savait. Mais comme le disait Sartre, il ne fallait pas désespérer Billancourt…

Revue des Deux Mondes – « J'appartiens à une catégorie d'hommes qui ont toute leur vie cru désespérément à certaines choses », a écrit Aragon. Cela ne résume-t-il pas les questionnements existentiels et l'attitude politique de toute une génération qui a traversé les combats de la Première Guerre mondiale ?

Jacques Julliard Le mot important dans la phrase citée c'est « désespérément ». On est entré au XIXe siècle dans l'optimisme. La Révolution française avait été sanglante mais elle était porteuse, au moins dans l'idée des contemporains, d'espoir et de progrès. On est entré en revanche dans le XXe siècle avec la haine. Le XXe siècle commence en 1914, avec quelque chose qui est de l'ordre du tragique. Et cela pèse sur la mentalité de tous ces gens-là. Nous-mêmes, nous sommes entrés dans le XXIe siècle avec le sentiment de la déception, du scepticisme. On entre dedans avec les attaques islamistes contre les tours jumelles du World Trade Center. Ces entrées dans le siècle sont très importantes ; pour Aragon, comme pour tous les gens de cette génération, la guerre de 1914 a énormément influé sur sa vision du monde et de la politique.

Revue des Deux Mondes – On sait qu'Aragon récusait le terme d'« écrivain engagé ». Et pourtant, la politique n'était jamais loin. Peut-on parler d'une parole poétique aimantée par la chose politique, ou bien l'inverse : la politique par le prisme du verbe poétique ?

Suzanne Julliard Aragon a vu la politique d'abord à travers son prisme de poète, parce qu'il a pensé concilier surréalisme et communisme. La révolution surréaliste comptait beaucoup pour lui, et il pensait que le marxisme-léninisme allait être la même révolution, comme une prolongation de l'autre. Et puis il découvre qu'il y a divorce, et ses camarades le lui font bien sentir. Il y a incompatibilité et il va devoir choisir. À ce moment, la poésie et la politique se séparent très nettement. Il n'est plus question de sauver le surréalisme, il y renonce, et il entre dans une carrière littéraire normale, séparée de la politique. Il a en quelque sorte rêvé cette carrière où il y aurait fusion entre les deux révolutions, double combat sous le même drapeau.

Revue des Deux Mondes – Il a cependant essayé, en témoigne par exemple son fameux poème « Front rouge »...

Suzanne Julliard Oui, bien sûr, il a essayé – mais ce n'est pas ce qu'il a fait de mieux. *Hourra l'Oural*, c'est consternant. Vive le Guépéou, la France a besoin du Guépéou… On lui a massacré ses amis, ses beaux-frères, et il en redemande !…

Revue des Deux Mondes – Il se sépare du mouvement surréaliste au début des années trente – une brouille artistique, politique, sentimentale. Mais Aragon s'en affranchit-il véritablement ? Sa littérature n'en a-t-elle pas porté les « marques » jusqu'à sa dernière œuvre ?

Suzanne Julliard Non. Il a fait une grande œuvre surréaliste, c'est *Le Paysan de Paris*. C'est un très bel objet littéraire, composite, inégal, mais avec des passages magnifiques, d'autres un peu plus laborieusement surréalistes. Mais quand il se laisse aller à l'imagination, qu'il est porté par une inspiration, nous sommes en effet dans une surréalité. Une réalité ajoutée, majorée, transcendée, que l'on ressent particulièrement dans deux grands moments, c'est-à-dire dans *Le Passage de l'Opéra* et *Le Sentiment de la nature aux Buttes-Chaumont*. À part cela, les productions poétiques de cette époque, dadaïsme ou surréalisme, sont peu de chose… J'ai fait le mouvement dada, disait le dadaïste, et en effet il l'avait fait. Aragon s'amuse, mais ça ne va pas très loin. Quand commence véritablement son œuvre de poète avec *Le Crève-cœur*, nous entrons dans un tout autre monde poétique.

Revue des Deux Mondes – À quoi tient le génie d'Aragon, si tant est que vous acceptiez ce terme de « génie » ?

Suzanne Julliard Je ne dirais pas qu'Aragon est un génie, mais qu'il y a un génie d'Aragon. C'est différent. Nous reconnaissons comme génies à dimension universelle quelques hommes tels que Dante, Shakespeare ou Hugo. Aragon n'entre pas dans cette catégorie. Il a du génie, c'est-à-dire un talent créateur exceptionnel. Où se marque ce génie ? Ni dans les rimes ni dans les rythmes, même s'il fait preuve là d'une extraordinaire inventivité, mais dans cette prolixité de la production, cette effusion permanente du verbe. Il y a quelque chose d'inépuisable en lui, comme ces fontaines miraculeuses qui sourdent du sol et dont on ne sait d'où elles proviennent. De nombreux créateurs ne manquent pas de puissance, mais chez lui elle est tellement surprenante, tellement intarissable... Et cela dans tous les domaines, roman ou critique littéraire : ainsi, à la fin d'un volume de vers, il ajoute une réflexion sur la rime, des pages de critique remarquables. Enfin, quelque chose a pu frapper beaucoup ses contemporains, c'est que la générosité créatrice dont il fait preuve succède à des inspirations moins larges qui ont produit des œuvres au volume restreint, ce qui ne remet nullement en cause leur importance (Baudelaire, Mallarmé, Rimbaud en sont la preuve). Mais avec Aragon le changement de dimension et de souffle est très tôt surprenant.

Jacques Julliard J'ajouterai que ce qui a rendu Aragon si vivant, et cela encore aujourd'hui, c'est qu'une partie importante de la très belle chanson française a mis en musique ses vers. Sur le boulevard Aragon, dit quelqu'un, il y a deux stations : il y a la station Ferré et la station Ferrat. Cela a beaucoup favorisé la connaissance de son œuvre poétique, et a permis aux Français de se l'approprier, de la faire entrer dans la mémoire nationale.

Revue des Deux Mondes – Sa poésie a-t-elle été influencée par l'œuvre de certains de ses contemporains ?

Suzanne Julliard Avant eux, par celle de Victor Hugo : il s'en réclame et n'a cessé de célébrer son œuvre. Et, plus proche de lui, Apollinaire (qui avait d'abord mal accueilli les vers d'Aragon, puis l'avait, par la suite, fortement encouragé). Apollinaire a introduit en poésie la célébration du monde moderne, ce qui a fasciné Aragon. Blaise Cendrars, qu'Aragon aimait beaucoup, l'a également influencé. Il faut aussi se rappeler qu'il parlait plusieurs langues : le russe, l'anglais et l'allemand. Il a donc pu avoir une connaissance directe du trésor de la poésie européenne. Il a également une passion pour l'œuvre des troubadours, dans la filiation de laquelle il inscrit la célébration d'Elsa.

Revue des Deux Mondes – Existe-t-il une véritable frontière de genre au sein de son œuvre ? Distinguez-vous l'Aragon poète de l'Aragon romancier, voire essayiste et critique ?

Suzanne Julliard Absolument, comme on le fait pour Hugo : poésie, roman (mais aussi théâtre, ce qui n'est pas le cas pour Aragon), sans compter chez le premier ses écrits politiques et critiques. Nous pouvons distinguer chez Aragon la poésie, le roman et la critique – car c'est un excellent et remarquable critique (mais mieux vaudrait chez lui ignorer les écrits politiques !). Il n'est pas romancier dans la poésie (malgré le titre trompeur du *Roman inachevé*), il n'est pas poète dans le roman. Il y a une confusion qui se fait au XXIe siècle entre la poésie et la prose. Je suis comme le maître de philosophie de Monsieur Jourdain : tout ce qui n'est point prose est vers, et tout ce qui n'est point vers est prose. Des poèmes en prose, nous en avons quelques-uns chez Baudelaire ou chez Aloysius Bertrand. Mais c'est très limité. Ce que les gens appellent « poème en prose », c'est de la prose poétique, qui peut être le fait d'un écrivain de prose particulièrement doué, éloquent, emphatique, comme Aragon. Mais c'est quand il écrit des poèmes qu'il est poète.

Revue des Deux Mondes – Jacques Julliard, on vous sait très marqué par vos lectures de Georges Bernanos, Paul Claudel, Charles Péguy, Simone Weil, quatre écrivains du XXe siècle qui ont eu une rencontre avec le Christ et ont témoigné de leur foi. Dans le fond, à la lecture d'Aragon, qui fut un véritable amoureux de l'amour, ne peut-on pas déplorer une rencontre manquée avec le Christ ?

Jacques Julliard Avec le Christ, je ne sais pas. Avec la charité, au sens chrétien du terme, probablement. C'était quelqu'un d'assez contradictoire. Il était à la recherche d'une forme de spiritualité qu'il n'a jamais pu traduire dans son œuvre. Un peu dans sa poésie, à travers l'idéalisation de l'amour… mais qui demeure stérile. Il n'y a aucune transcendance. C'est la limite d'Aragon : il avait tout pour être Victor Hugo, mais il lui manque d'avoir écrit *Dieu*, *La Fin de Satan*, ou encore *Ce que dit la bouche d'ombre*.

Suzanne Julliard D'avoir tenté de l'écrire, du moins. Cependant, sa poésie offre quelque chose d'essentiel, bien plus qu'une simple jouissance esthétique. On peut vivre avec son œuvre, s'en nourrir, y trouver un réconfort, un secours, et établir avec lui un compagnonnage quotidien. Il a par ailleurs ceci de commun avec Hugo, particularité qui me touche beaucoup, c'est d'utiliser des tournures du langage courant dans la poésie. Tous les poètes ne le font pas et tous ne savent pas le faire.

Revue des Deux Mondes – « Hommes de demain soufflez sur les charbons / À vous de dire ce que je vois » (1). Que puiser en lui de vivifiant, en ces temps où la guerre en Ukraine a sonné le retour du tragique sur le continent européen ?

Jacques Julliard Sur un plan strictement politique, il faudrait se forcer beaucoup pour trouver dans Aragon des raisons de croire en l'avenir : tout ce qu'il a dit explicitement est mort, et heureusement bien mort. C'est le modèle de l'erreur à ne pas suivre. D'un bout à l'autre il a soutenu Staline, y compris aux pires moments. De ce point de vue-là, il n'y a rien à rechercher. En revanche, il y a certainement une sorte d'espérance ou de débouché à travers la littérature et le langage. Aragon avait le génie du langage. Il avait une capacité de trouver des formules exceptionnelles pour exprimer la vérité ou sa vérité. Ce qui reste d'Aragon, c'est ce rôle moral de la parole, du langage. Et, même s'il n'y est jamais pleinement parvenu, la mise en lumière du symbole spirituel qu'il y a dans tout langage. C'est ce qu'a fait Claudel, de la manière la plus admirable. *Le Soulier de satin* est une ode à cette idée que le monde est un symbole ; la seule manière de coïncider avec lui c'est, pour nous autres, pauvres hommes d'ici-bas, de nous rappeler que Dieu nous a donné le langage.

Revue des Deux Mondes – Pourquoi le retour de l'apprentissage de poèmes à l'école est-il une nécessité ?

Suzanne Julliard La première raison, c'est que les enfants manquent de vocabulaire. Ils n'apprennent pas suffisamment leur langue. La plupart des écoliers ne disposent au sortir du primaire que d'un bagage verbal indigent. D'où ces générations violentes, qui ne peuvent parler qu'en cognant. Il faut donc un apprentissage des mots dès la petite enfance. La poésie y pourvoit au premier chef. En récitant, on retient de façon quasi définitive les mots et les expressions que la rime aide à fixer dans la mémoire. C'est du vocabulaire acquis naturellement, presque sans effort. S'ajoutent naturellement à ce plaidoyer en faveur de l'enseignement de la poésie d'autres arguments ! La poésie, et c'est là son rôle essentiel, ouvre à la connaissance de soi et du monde, par d'autres voies que le roman. Elle apporte des interrogations sur la vie et la mort qui éveillent un écho dans chaque lecteur. Il lui arrive même de proposer des réponses. La poésie est la voie laïque la plus proche de la démarche spirituelle. Je dirais qu'*elle est une parole gardée*, c'est-à-dire conservée, sauvegardée, et cela dans toutes les acceptions du terme de parole, depuis les mots des comptines naïves jusqu'au Verbe.

La troisième raison est celle que je rappelais à mes élèves sur le pouvoir de la poésie. J'évoquais Ulysse émergeant du naufrage, tel que le peint Homère : n'ayant presque plus figure humaine, hirsute, couvert d'algues, hideux, terrifiant. La jeune Nausicaa devrait être effrayée, comme ses compagnes qui s'enfuient. Mais les mots d'Ulysse la rassurent, car il s'adresse à elle dans des termes tels qu'ils ne lui laissent aucun doute sur la noblesse du naufragé.

Je concluais en disant : « Apprenez à parler avec les écrivains et surtout avec les poètes, tout le reste ne compte pas, leurs mots feront de vous des princes. »

1. Louis Aragon, *Les Poètes*, Gallimard, 1960.

L'EUROPÉENNE LA PLUS MODERNE, C'EST VOUS, ÉLISABETH II

› **Sébastien Lapaque**

« Elle régnait mais ne gouvernait pas »… Dans les jours qui ont suivi la mort d'Élisabeth II, le 8 septembre dernier dans son château de Balmoral, en Écosse, combien de commentateurs satisfaits, qui n'ont manifestement jamais réfléchi à ce qui constitue l'essence du politique, ont répété cette formule, à la télévision, à la radio, dans les journaux et jusqu'au comptoir du bistrot… « Elle régnait mais ne gouvernait pas »… Ce n'était pas son malheur : c'était sa grandeur. D'autant plus qu'Élisabeth Alexandra Mary Mountbatten-Windsor régnait non seulement sur le Royaume-Uni et l'Irlande du Nord, mais sur l'Australie, le Canada, la Nouvelle-Zélande, Antigua-et-Barbuda, les Bahamas, le Belize, la Grenade, la Jamaïque, la Papouasie-Nouvelle-Guinée, Saint-Christophe-et-Niévès, Sainte-Lucie, Saint-Vincent-et-les-Grenadines, les îles Salomon, les Tuvalu… Tout un poème !

De 1952 à 2022, la Reine a traversé la guerre froide, la crise de Suez, la création de la République d'Afrique du Sud, la fin de la gouvernance coloniale anglaise dans les Caraïbes et le Pacifique, la perte de Malte et de Chypre, les difficultés de la Grande-Bretagne à entrer dans la Communauté européenne, la modernisation brutale de l'économie nationale par Margaret Thatcher, le conflit des Malouines, l'explosion de l'Union soviétique, la chute du mur de Berlin, la rétrocession de Hongkong à la Chine, la guerre en Irak, le Brexit, l'épidémie mondiale de coronavirus et la guerre en Ukraine sans perdre ses nerfs, sans jamais prononcer un mot de trop.

Élisabeth II ou l'essence de la monarchie : le centre immobile. Cette femme qui n'a jamais cherché à s'expliquer ni à se justifier a cependant eu un mot shakespearien pour éclairer sa position : « Les choses surannées sont notre garantie pour l'avenir. Nous n'existons pas pour divertir ou convaincre le peuple. Nous sommes. (1) »

Notre époque impulsive, frénétique, cafardeuse, incertaine, liquide, infantile, nerveuse, agitée, tyrannique, capricieuse est incapable d'entendre cette revendication ontologique qu'éclaire pourtant la première phrase du monologue d'Hamlet : « *To be or not to be* ». Il y a ceux qui sont ce qu'ils paraissent et ceux qui paraissent ce qu'ils sont. Avec ses tailleurs monochromes, ses gants en coton jersey, ses chapeaux, ses petits sacs à main en cuir, la troisième reine de Grande-Bretagne après Anne Stuart (1707-1714) et Victoria (1837-1901) appartenait à la seconde catégorie de personnes. Elle était. Toute sa vie, elle a résisté au bougisme. Reine dans la ville et reine devant le Parlement, une fois par an, lorsqu'elle présentait le programme du gouvernement à l'occasion du discours du Trône, sa couronne posée à ses côtés. Reine dans toutes les capitales du monde et reine chaque mardi, en tête-à-tête avec son Premier ministre. Reine couronnée à 25 ans et toujours souveraine deux jours avant sa mort, recevant Liz Truss, la nouvelle Première ministre britannique, pour lui demander de former un nouveau gouvernement. Non pas selon la Constitution, qu'aucun Britannique n'a eu l'idée folle de rédiger, mais selon la coutume. Mieux vaut les usages du vieux droit normand, hérités des morts et inscrits dans le cœur des vivants, que les superfluités du droit européen, qui produit à Bruxelles des normes en série qui ne sont pas toutes appliquées.

Sébastien Lapaque est romancier, essayiste et critique au *Figaro littéraire*. Il collabore également au *Monde diplomatique*. Son recueil *Mythologie française* (Actes Sud, 2002) a obtenu le prix Goncourt de la nouvelle. Dernier ouvrage publié : *On aura tout bu* (Actes Sud, 2021).
› slapaque@gmail.com

« Europe, la voie romaine », proposait naguère le philosophe Rémi Brague (2). Et si nous oubliions les lumières latines pour nous tourner vers les brumes nordiques ? Et si nous choisissions, pour l'Europe, la voie anglaise, celle d'une nation qui n'a renoncé ni à sa monnaie ni à son identité, sans refuser d'être cosmopolite, l'exemple d'un pays qui apparaît parfois d'avant-hier, mais souvent d'après-demain ?

L'Européenne la plus moderne, c'est vous, Élisabeth II. Tout, chez vous, était actuel, c'est-à-dire *en actes*. Vous avez sillonné le monde, vous êtes venue quinze fois en visite officielle en France et trois fois à Versailles. Vous avez inventé la communication politique contemporaine. Vous avez imposé la modification royale du pouvoir, fidèle au souvenir des souverains du Moyen Âge qui avaient d'abord pour vocation d'être des « apaiseurs ». Libérée des poisons et des poignards que requiert la conquête des places et des privilèges, vous avez assuré la permanence d'universaux fantastiques que les esprits forts croyaient désuets : un trône, une couronne, un sceptre.

Des universaux fantastiques : des images vivantes et agissantes, non pas des fariboles qu'on raconte aux enfants, mais des mythes, au sens le plus fort, à savoir des procédures de vérité assurant la continuité des projets de la patrie. Ainsi cette devise, rédigée dans le français le plus pur : « Dieu et mon droit » ; ou le splendide « Honi soit qui mal y pense » du très noble ordre de la Jarretière. Dans un pays dûment modernisé, il y a longtemps que ces formules auraient été traduites en langue nationale, longtemps même que les armoiries auraient été supprimées.

De l'autre côté de la Manche, les Français souriaient, mais nombreux étaient parmi nous ceux qui comprenaient le caractère poétique des chevaux, des drapeaux, des carrosses, des cris dans la rue et des trompettes dans l'abbaye de Westminster à l'occasion des mariages royaux. Qui ne voit pas que les Horse Guards, avec leur bonnet en poil d'ours, feront toujours plus pour l'unité et la bonne humeur d'une nation qu'un point de croissance supplémentaire ? Qui ne voit pas que, derrière la monarchie britannique, tout se tient : le gin, la pop, les Beatles, *The Long and Winding Road*, les minijupes, Big Ben, les cirés rouges, les buts de George Best, les romans d'espionnage de

John Le Carré, les dix-sept épisodes de la série *Le Prisonnier*, les bus rouges, les taxis noirs, les *bobbies*, les *Angry Young Men*, les corbeaux de la Tour de Londres, l'ours Paddington, la marmelade d'orange…

Dans *Le Lion et la Licorne. Socialisme et génie anglais*, l'un de ses plus grands textes, George Orwell explique que la monarchie, pour un Anglais, est un paysage de l'âme. Dans sa mémoire, le roi ou la reine prennent place aux côtés du *pub*, des courses de chevaux, du *pudding* à la graisse de bœuf, du thé de 5 heures.

> « Un gouvernement socialiste anglais transformerait le pays de la base au sommet mais conserverait les caractères spécifiques de notre civilisation… Ce gouvernement ne serait pas doctrinaire, ni même logique. Il abolira la Chambre des Lords, mais maintiendra vraisemblablement la monarchie. Il laissera un peu partout subsister des anachronismes et des absurdités, il conservera le juge avec sa ridicule perruque et le lion et la licorne sur les boutons des uniformes militaires *[…]* Il fera preuve d'une capacité à assimiler le passé qui stupéfiera les observateurs étrangers. (3) »

L'auteur du *Quai de Wigan* avait tout compris : la monarchie, c'est beau parce que c'est anachronique, c'est beau parce que c'est absurde. L'Europe de Maastricht, dont la Grande-Bretagne s'est éloignée sur la pointe des pieds, parce que c'est une nation qui tient à ses frontières naturelles et qu'elle ne supportait pas la supériorité de la Cour européenne des droits de l'homme (CEDH) sur le droit coutumier, n'en finit pas de crever de tout ce qui est fondé, rationnel, intelligent, sage, posé, logique, naturel, raisonnable. L'anachronisme et l'absurdité, c'est ce qui donne de la couleur, de l'ombre, de la matière, de la surprise, de la sève et du sel à nos vies…

Comme ils étaient beaux, à Londres, avec tous leurs uniformes, tous leurs rubans, tous leurs sabres, toutes leurs décorations et tout leur panache, le jour des obsèques d'Élisabeth II. « Comme tous les autres peuples contemporains, observait encore George Orwell, les

Anglais sont en passe d'être numérotés, étiquetés, recrutés, "coordonnés". Mais ils sont instinctivement portés à tout le contraire. (4) »

L'Angleterre est une île, pendant soixante-dix ans leur chef d'État a été une femme qui ne prononçait que de banales paroles d'apaisement : les British n'ont pas envie de devenir un peuple comme les autres. Aux pires moments de l'histoire anglaise, quand l'unité nationale a été mise en péril, la monarchie a été l'institution qui a permis à l'élite d'oublier ses privilèges et de se souvenir de ses devoirs.

Qu'on songe aux jeunes garçons d'Oxford et de Cambridge engagés dans la Royal Air Force en 1940 pour défier l'aviation nazie au-dessus de Londres à bord de leurs Spitfire. Qu'on se souvienne du témoignage du *flight lieutenant* anglo-australien Richard Hillary.

> « Nous étions désabusés et gâtés. La presse parlait de nous comme de la "génération perdue" et cela ne nous déplaisait pas. Superficiellement, nous étions égoïstes, égocentriques, sans un Graal auquel consacrer nos vies. La guerre y pourvut, et tout à fait à notre goût. Elle ne demandait de nous aucune manifestation pompeuse d'héroïsme, mais nous donnait l'occasion de prouver, par l'action, notre antipathie pour le patriotisme de commande... Elle nous fournissait la possibilité de faire voir que, tout indisciplinés que nous pouvions être, nous étions un adversaire de taille pour la jeunesse hitlérienne nourrie d'idéologie. (5) »

Ce texte fait écho à ce qu'écrivait Georges Bernanos à la même époque, depuis le Brésil où il écoutait fiévreusement la BBC qui a diffusé quelques-uns de ses messages. « Il faut beaucoup de prodigues pour faire un peuple généreux, beaucoup d'indisciplinés pour faire un peuple libre, et beaucoup de jeunes fous pour faire un peuple héroïque. (6) »

Des prodigues, des indisciplinés, des jeunes fous, il y en eut dans les escadrons de la Royal Air Force et dans les unités de la France libre. C'est une grâce, et un signe du Ciel, que deux des plus illustres survivants du grand combat contre l'ogre nazi aient été, jusqu'aux premiers jours du mois de septembre, la reine d'Angleterre et le fils aîné du général de Gaulle, le dernier survivant des officiers de la France libre, âgé de 100 ans, qui a présenté ses condoléances au nouveau roi d'Angleterre.

> « L'amiral en retraite Philippe de Gaulle, fils du général de Gaulle, et ses quatre fils, Charles, Yves, Jean et Pierre de Gaulle, prient Sa Majesté le Roi Charles III du Royaume-Uni et Irlande du Nord, de bien vouloir agréer toutes leurs condoléances émues et leurs prières pour Sa Majesté la Reine défunte Élisabeth II. Ils lui demandent de bien vouloir accepter, en outre, tous leurs vœux pour le Royaume-Uni et Irlande du Nord, alliés de la France libre durant la Seconde Guerre mondiale, et pour leur nouveau souverain, qui tiendront une place capitale dans l'Europe. »

Le sens de la durée historique accordé à celui des proportions géographiques.

1. Philippe Lauvaux, « Monarchies, royautés et démocraties couronnées » in *Le Débat*, n° 73, 1993/1, p. 98 à 113.
2. Rémi Brague, *Europe, la voie romaine*, Critérion, 1992.
3. George Orwell, *Le Lion et la Licorne. Socialisme et génie anglais* in *Essais, articles, lettres*, volume II, *1940-1943*, traduit par Anne Krief, Michel Pétris et Jaime Semprun, Éditions Ivrea/Éditions de l'Encyclopédie des nuisances, 1996, p. 131-132.
4. *Idem*, p. 77.
5. Richard Hillary, *Le Dernier Ennemi* [1942], coll. Texto, Tallandier, 2021.
6. Georges Bernanos, *Les Enfants humiliés. Journal 1939-1940*, Gallimard, 1949.

UN DIALOGUE DIFFICILE

› **Marin de Viry**

VLADIMIR – Quand je pense que je t'avais invitée à déjeuner pour te draguer de façon éhontée, et paf, ça tombe le jour et l'heure des funérailles de la reine d'Angleterre. Bon, à ta requête, j'ai demandé au patron qu'on soit installés côte à côte devant le grand écran plutôt que tête-à-tête à une table fleurie de la terrasse romantique. Au lieu de tes yeux magnifiques, je vais voir Stéphane Bern sur un plateau et Meghan Markle essayer de trouver un rôle dans un cortège. Au lieu d'une émotion érotique, je vais faire semblant de partager ton affliction. C'est une difficile reconversion de mon déjeuner et une dure déconvenue pour moi, Mahaut. En plus, notre alignement devant l'écran complique un éventuel premier baiser ; il y aurait, pour pouvoir le donner et le recevoir, une rotation du buste à opérer qui serait moins naturelle qu'un simple mouvement vers l'avant. Enfin, je ne me faisais pas trop d'illusions sur ton consentement à l'initiative que j'avais l'intention de prendre, et qui tombe à l'eau. Je vais contempler ta communion douloureuse avec la couronne britannique comme le vicomte de Valmont tournait autour de la présidente de Tourvel en oraison, à

Marin de Viry est critique littéraire et écrivain. Dernier ouvrage publié : *L'Arche de mésalliance* (Éditions du Rocher, 2021).
› marininparis@yahoo.fr

l'église : avec des pensées profanes. Je te signale quand même que je voulais tester l'hypothèse d'une relation longue, de type préconjugal, avec toi. Tu me bouleverses. Évidemment, je vais ravaler mon numéro de fiancé putatif, sachant que tu n'auras d'yeux que pour le corbillard de Sa Majesté.

Mahaut – Je suis très flattée. Si tu arrives à me dire quelque chose de touchant sur ces funérailles malgré ton républicanisme de pseudo-gauche crasseux, je te promets que je penserai à succomber à tes charmes, qui seraient nombreux s'il n'y avait cette réticence à l'égard de la monarchie, qui les annule tous.

Vladimir – Ben oui je suis quand même un bolide scolaire doublé d'un héritier très beau, très riche, et pétant de santé, issu d'une lignée de hauts fonctionnaires inscrite à la trame même de la Ve République, dans une version de centre gauche mondialisée qui a ses lettres de noblesse et ses grandes familles alliées au business, dont la mienne. Il y a du monde aux fenêtres quand je passe dans la rue. Mon attractivité conjugale est maximum. Je ne cesse de décourager des filles divines, mais nées hors sujet. Tout le monde me veut comme mâle reproducteur. Dans les soirées, j'essaie de me faire passer pour un sous-chef de bureau des permis de conduire à la préfecture de police, pour tester si les filles cherchent en moi l'homme, ou l'héritier aux anticipations fabuleuses.

Mahaut – Mais mon pauvre Vladimir, comme ton smoking vaut au moins six mille euros et que ça se voit, et que tu as une certaine manière de tenir les coupes de champagne, les filles vénales détectent immédiatement ton piège et font semblant de ne s'intéresser qu'à ton brillant parcours professionnel, ta belle personnalité et ton intelligence scolaire, comme si tout le reste n'existait pas.

Vladimir – C'est vrai que ça ne marche pas, je me fais repérer tout de suite. Dans les soirées, j'ai du mal à incarner le cousin de province autodidacte et génial, invité par charité. D'ailleurs, je jette l'éponge. Je m'accepte désormais tel que les hasards de la naissance et les dispositions génétiques m'ont fait : un sommet français. C'est ce sommet qui est à tes pieds.

Mahaut – Il y a chez toi une absence de fausse modestie qui est un bon point dans mon esprit, et puis tu es svelte, athlétique, riche, intelligent, de bonne compagnie, mais cette habitude que tu as de trouver que la république, c'est normal et aimable, et la monarchie, c'est anormal et ridicule, agit comme un repoussoir érotique chez moi. C'est comme si je percevais une secrète vulgarité derrière ton aspect de jeune patricien parfait. Un gendre idéal mais un amant impossible, tu vois ta malédiction ? Pourquoi ne te trouves-tu pas, en feuilletant le carnet d'adresses de ta mère et en le croisant avec les noms de famille des membres des conseils d'administration où ton père siège, une bonne vieille jolie bourge issue d'une famille de maître de forges inaccessible au doute et à la pitié, une fille pas trop intelligente et pas trop cultivée, mais assez, bien hypocrite tout en étant pénétrée de ses devoirs familiaux, qui saurait regarder ailleurs quand tu aurais des maîtresses, plus tard, et qui doublerait avec sa dot le socle patrimonial déjà obscène sur lequel tu déploies tes ambitions de puissance ? Ce serait peut-être plus cohérent que de poursuivre une fille altière et fauchée, avec des opinions politiques hétérodoxes et un style sauvage, comme moi ? Après tout, la république est dominée par des familles bourgeoises, et tu aimes la république.

Vladimir – Oui mais j'adore ton style préraphaélite, tes opinions monarchistes, ta plastique, ta compagnie, et j'ai assez de pognon pour provisionner quatre divorces avec des princesses dans ton genre. Je t'en supplie, viens faire pâlir de ta classe les corniches recouvertes de feuilles d'or de mon hôtel particulier. Viens rendre mon fric gracieux.

Mahaut – Attends, ça démarre.

Vladimir – Ah oui, voilà l'inévitable Stéphane Bern. À chaque fois que je le vois, je pense à une phrase de Stendhal sur un personnage secondaire et méprisable : « Il est né à genoux devant la noblesse. »

Mahaut – Et voilà. Tu deviens tranchant, méchant, idéologue, ignoblement rassuré par tes préjugés, alors même que la cérémonie n'a pas commencé. Quelque chose en toi est obturé par l'orgueil, et l'espèce de satisfaction crasse du sournois qui a mis à bas ce qui le dépassait. Et puis zut, la république, ça ressemble à cette espèce d'avorton obsédé dans *Le Seigneur des anneaux*, là, le Gollum… un être qui régresse, qui se résume à son désir irrépressible de puissance, envieux, lâche, plat, et moche. Gluant, libidineux, rongé par l'envie :

voilà ton régime ! Et tu voudrais que nous fassions couple, en plus ! Tu es un Gollum à l'intérieur et une pub pour Hugo Boss à l'extérieur, et tu prétends que je pourrais plonger ! Tu me diras, ce n'est pas ta faute : tu l'as dit toi-même, tu es ce que la république offre de mieux.

Vladimir – Non mais Mahaut, tu utilises des images ignobles pour décrire une grande démocratie au prestige immense : calme-toi et vois ces funérailles monarchiques, regarde ces poils, ces plumes, ces bonnets, ces tartans, ces cornemuses, ces couronnes, ces drapeaux baroques, ces mâchicoulis, ces gargouilles, ces étendards gothiques, ces chevaliers cacochymes à lunettes en perruque poudrée, ce latin, ces pauvres gens endimanchés, enfermés dans ce qu'ils croient être leur devoir, ces prélats en costume de péplum, ce christianisme mou installé dans un déclin serein de rentier à œillères… Et ces épouses faussement idéales, vertueuses, dignes, beurk. Il ne manque plus que la tour Eiffel qui clignote.

Mahaut – Tout ce que j'aime ! Et toi, tu préférerais quoi ? Une salle polyvalente avec un sol en lino marron, des codes-barres sur le cercueil, tous les militaires en Tergal bleu, une Citroën électrique des pompes funèbres municipales portant un cercueil recyclable flanqué d'un logo de la mairie de Paris, des étendards LGBT+, des collégiens en T-shirt, des Post-it de condoléances en rang sur des murs blancs ? Tu te souviens, la cérémonie d'intronisation de François Hollande, tu en perçois encore la honte ? Tu penses qu'on peut tomber plus bas ? Sa berline en forme de brouette qui s'arrête aux feux ? Ces ados en Converse qui traversent la salle des fêtes ? Ces bourgeoises socialistes attifées comme des sacs ? Non, Vladimir, à la place de ce rituel d'accueil digne des *Bronzés*, un simple communiqué aurait été préférable : François Hollande a pris ses fonctions après avoir prêté serment devant le président du Conseil constitutionnel, et basta. Roule. Épargnez-nous cette humiliation nationale, ce rassemblement raté, cette symbolique foireuse. Tu me diras, heureusement, personne dans le monde ne nous a regardés.

Vladimir – Pas d'accord. Percevoir une tendance à la simplicité me rassurerait sur l'avenir du Royaume-Uni.

Mahaut – Sentir une tendance à la complexité et au cérémonial me rassurerait sur l'avenir de la France.

VLADIMIR – Constater une prise de distance par rapport au kitsch testamentaire, à l'invocation litanique des puissances invisibles, à l'opium des symboles, me paraîtrait un gage de progrès pour l'Angleterre.

MAHAUT – Observer une plus grande appétence pour la représentation de l'inconnu et la projection vers l'infini me paraîtrait un gage de progrès pour la France.

VLADIMIR – Regarde l'expression neutre mais secrètement taraudée par le désir de meurtre de la princesse de Galles quand elle perçoit la présence de Meghan Markle. On est en plein Shakespeare.

MAHAUT – Kate doit beaucoup de choses à son pays, mais certainement pas de se disputer avec sa belle-sœur en public. C'est assez l'affaire de la presse. Elle a raison de chercher la neutralité d'expression.

VLADIMIR – Tous ces désirs bafoués, ces pulsions réfrénées, ces sentiments étouffés, on dirait un défilé de mannequins du troisième âge en corset, cette cérémonie.

MAHAUT – Oui mais dans les cérémonies françaises, les corsets sont *discount*, la salle d'exposition est moche, et les discours sont platement rationnels. Tiens, écoute, Stéphane Bern résume bien le problème en rappelant le mot de Mitterrand : « Ma position est impossible, on me demande d'être à la fois la Reine et Margaret Thatcher. »

VLADIMIR – C'est pour ça qu'il faudrait moderniser la Constitution. Je ne vois pas bien le rapport entre Saint Louis et Emmanuel Macron, et pourtant, je suis d'accord que le doute subsiste sur sa nature surréelle.

MAHAUT – Pauvres présidents, inaptes de nature et incapables par conviction de faire ce que l'on attend d'eux.

VLADIMIR – Il faut vraiment que je t'épouse, tu m'apprendrais les fondements sacrés du pouvoir. Ça rendrait ma vie intéressante. Là, je suis parti pour enquiller les conseils d'administration et me cogner une épouse conforme, d'un ennui mortel. Ma famille ne comprend pas que je repousse le calice.

MAHAUT – Vois les conséquences structurelles d'une union entre nous : imagine que je te demande de placer ton fric dans l'agroforesterie bio plutôt que dans tes *hedge funds* qui visent 15 % de retour sur capitaux investis, hein ? Imagine que je te demande de quitter Paris, cette abomination, où, si l'on y vivait, on enchaînerait les vernissages d'installations d'art contemporain, ou les accrochages de performances disruptives, les pièces de théâtre de Michalik, que sais-je, toutes choses qui m'ennuient à mort ? Vladimir, observer la croissance d'une tomate est plus intéressant que la vie que tu me proposes, dans ton milieu de dominants tristes et ta république bourrée de complexes, manquant autant de candeur que de grandeur ! Tu es gentil, mais commence par mettre un genou à terre devant les belles choses, avant de prétendre t'associer à moi.

VLADIMIR – Ah, voilà la conclusion de ce déjeuner catastrophique : Stéphane Bern rend l'antenne et je me suis pris un immense râteau.

MAHAUT – Ce n'est pas un râteau, c'est un dialogue difficile.

LE RECLUS DES MONTS OURAL

› **Michel Bernard**

L'auteur d'*Hiver 1812. Retraite de Russie* a imaginé une sottie : Napoléon, fait prisonnier, est relégué dans un domaine à l'est de Moscou.

« Ah ! si l'on pouvait lâcher là-dedans notre gaillard de Bonaparte ! Il saurait s'y prendre pour balayer toutes ces extravagances ! »

Le général Denissov, épilogue de *La Guerre et la Paix* de Léon Tolstoï

Le général russe bedonnant et court sur pattes qui venait d'entrer dans le relais de poste lui rappelait quelqu'un, mais elle ne parvenait pas à mettre un nom sur ce visage, cette silhouette bizarrement bourgeoise et martiale. Un gros bonnet en tout cas. Ce dernier jour d'avril 1814, près de Weimar, l'auberge entière avait été réservée à l'avance, au prix fort. L'escorte était si nombreuse que le voisin avait prêté sa grange. Toute la nuit l'hôtesse avait creusé sa mémoire, l'irritant jusque dans le sommeil. Au matin, sur le départ, quand l'homme, ayant enfilé sa redingote, se coiffa du bicorne en pain de sucre des officiers du tsar, elle le reconnut. Elle se pencha vers son mari en train de compter la recette, et d'une voix sourde, oppressée, lui souffla dans l'oreille que le voyageur qui venait de passer la nuit dans leur meilleure chambre, c'était Napoléon.

Cette femme avait bonne mémoire. Au milieu du mois de décembre 1812, elle avait reçu l'empereur des Français dans son auberge, au cœur de l'Allemagne. Il venait d'abandonner les débris de son armée en Lituanie, et, livide, les yeux bouffis, frigorifié, revenait en hâte vers la France. Dix-huit mois plus tard, le souverain déchu repartait en sens inverse, dans l'uniforme vert des armées de son vainqueur. Alors que les Alliés parlaient de le reléguer dans une île, les Anglais ayant suggéré Sainte-Hélène, au large de l'Afrique australe, Alexandre Ier, ivre de son triomphe, oracle de l'Europe nouvelle et roi de Paris, avait proposé d'accueillir chez lui son ancien partenaire de Tilsit et de lui donner un domaine. À la stupéfaction de Caulaincourt, qui lui rapportait pour la forme l'offre du tsar, Napoléon avait accepté. Un matin de printemps, après ses adieux à la Garde dans la cour du château de Fontainebleau, il était parti en secret vers l'Est avec un quarteron de fidèles et un escadron de dragons moscovites.

Le plus simple aurait été de voyager par mer, mais les Anglais n'auraient pas hésité à arraisonner le navire. Ils reprochaient au tsar de faire courir un grand risque à la paix retrouvée en laissant sur le continent le diable en personne. Alexandre lui-même, sans l'avouer, regrettait le geste magnanime d'un après-dîner, l'effet du champagne de Talleyrand sans doute. Mais sa parole était engagée, elle serait honorée. Il assura lord Castlereagh que toutes précautions seraient prises pour que l'Europe n'entendît plus parler de celui qui avait été son tourment pendant près de vingt ans. Londres tripla l'effectif de ses agents à Saint-Pétersbourg.

Michel Bernard est haut fonctionnaire et écrivain. Il est notamment l'auteur d'*Hiver 1814. Campagne de France* (Perrin, 2019). Dernier ouvrage publié : *Hiver 1812. Retraite de Russie* (Perrin, 2022).

La parole du tsar tenait dans cinq cents hectares au pied des monts Oural, deux centaines de paysans et un manoir délabré dont un oukase avait chassé le propriétaire, heureux d'échanger contre une forte indemnité un si ingrat séjour. Le lendemain de son arrivée, Napoléon en avait fait le tour à cheval accompagné de Caulaincourt, grand-écuyer, de Bertrand, grand-maréchal, et du général Gourgaud. Quand les quatre cavaliers eurent franchi la rivière dont la boucle enserrait le nord du domaine, ils entendirent une détonation. Moins d'une minute après, un peloton de cavalerie fondait sur eux. Contre l'impétueux Gourgaud qui continuait d'avancer, les carabines furent pointées. Napoléon était prisonnier.

Pendant quelques jours, il tempêta, convoqua le général commandant les régiments cantonnés aux quatre coins de son enclos, écrivit au tsar, aux journaux. Il criait dans le vide, ce pays était désert, il était au milieu. Dans deux pièces encore froides et humides de l'hiver, il se claquemura, refusant tout contact, sauf avec ses proches. Au solstice de juin, la chaleur le ranima et il commença d'organiser sa nouvelle vie. Le tsar lui laissait toute faculté d'agir, à condition de ne pas quitter ses terres, et complétait sa fortune personnelle d'une dotation qui faisait de l'Empereur – le titre lui était conservé à titre honorifique – l'un des habitants les plus riches de la région. Il fit venir de Moscou un architecte italien et avec lui passa l'été à agrandir, assainir, meubler et décorer sa demeure. L'année suivante, il n'était pas de maison plus élégante, plus confortable à l'est de Moscou.

Aux premières neiges, des demandes d'audience lui parvinrent de boyards bravant l'opinion. Napoléon les reçut, les charma en leur racontant ses campagnes, comment il avait mis fin aux excès de la Révolution, consolidé ses principes et subjugué les cours d'Europe. Peu à peu, on s'enhardit, certains venaient avec leurs épouses au prétexte de découvrir les embellissements de son palais. La langue française, si commune dans l'aristocratie à Moscou et Saint-Pétersbourg, l'était beaucoup moins dans la noblesse locale, mais cette dernière ne s'enchantait pas moins de fréquenter un souverain qui avait été plus puissant que Charlemagne et Pierre le Grand réunis. Les hommes se laissaient pincer l'oreille quand Napoléon était de bonne humeur ; les femmes le plaignaient de vivre sans compagne et d'être privé de son fils puisque Marie-Louise refusait de le rejoindre. En faisant la révérence, elles laissaient bâiller leur corsage.

En octobre, quand l'intendant vint présenter à Napoléon le bilan des récoltes et les prévisions pour l'année suivante, il lui jeta à la figure sa liasse de papiers sales en le traitant de jean-foutre. Il était incroyable de produire si peu dans un pays où la terre était si noire, la végétation si foisonnante et giboyeuse. L'un des propriétaires voisins employait à ses écritures un commissaire des guerres français, un spécialiste du ravitaillement fait prisonnier à Smolensk en 1812, au retour de Moscou. Il accepta de le céder à Napoléon.

Il ne fallut pas huit jours au fonctionnaire pour établir que l'intendant volait sans retenue. Les paysans qu'il rudoyait n'étaient pas en reste, mais n'en tiraient guère profit. Le pope et les moines itinérants les pressuraient à coups de prières, d'exorcismes et d'amulettes. L'intendant fut chassé et les paysans furent affranchis contre l'engagement de travailler loyalement. Il fallut que Napoléon exposât lui-même ses intentions au chef du village, réticent, et lui expliquât ce qu'était un salaire. La suppression des châtiments corporels suffisait aux moujiks, qui considéraient avec suspicion les autres changements. Ils venaient la nuit voir l'ombre de leur maître passer devant la fenêtre éclairée de son cabinet, et se le montraient le jour, galopant vers une parcelle à défricher, une prairie à planter en verger, et le long de la rivière où il faisait installer des moulins. Ils ne se signaient plus sur son passage et laissaient leurs enfants l'approcher quand il faisait halte.

Deux ans plus tard, le domaine était le plus prospère de la région. Napoléon entreprit la rédaction de ses Mémoires. Caulaincourt parti à Saint-Pétersbourg pour tenter d'arracher au tsar un assouplissement de sa relégation, Bertrand et Gourgaud prenaient en note. Comme ils étaient trop lents et ne savaient arranger à sa convenance ses propos, il les laissa partir vers la capitale impériale, avec leurs familles, pour y dispenser des cours à l'École de guerre, et fit venir de France un secrétaire. Il dictait plusieurs heures par jour au scribe timide et diligent vite devenu son confident. Avec lui il revivait sa vie en regardant derrière les vitres l'échine estompée des monts Oural. Il ouvrait les caisses de livres arrivées de Paris, les rangeait dans sa bibliothèque où il passait des heures. Une agréable comtesse, blonde et bien en chair, le visitait régulièrement. Le tsar avait appelé le mari à sa cour, seul, à dessein. Napoléon savait qu'elle l'espionnait. Cela lui était indifférent ; il était presque heureux ; il s'ennuyait atrocement.

Peu après son cinquantième anniversaire, le commandant des forces préposées à sa garde fut muté et remplacé par le général

Denissov. Ce héros de la guerre patriotique était célèbre pour avoir dirigé une formation de partisans pendant le terrible hiver 1812. Napoléon avait entendu parler de lui, de son courage et de l'humanité dont il faisait preuve envers ses prisonniers. Il le garda à dîner dès la première audience. Denissov connaissait par cœur les grandes batailles de l'Empereur, il avait participé à certaines, les enseignait à ses subordonnés. Une sorte de familiarité s'établit peu à peu entre les deux militaires. L'officier était mécontent de l'enlisement de sa carrière. Les intrigants, les courtisans accaparaient les places au détriment des gens de valeur. Le tsar se désintéressait des affaires, s'entourait d'illuminés et de mages. Le véritable maître de la Russie était son homme de confiance, Araktchéïev. Cette brute bornée maintenait le pays dans un état d'arriération qui faisait honte aux patriotes. Les accès de fièvre de la paysannerie, de l'armée elle-même, étaient réprimés avec une cruauté qui écœurait le brave général. La Russie reculait vers les temps barbares.

Napoléon recommença de déplier les journaux. Il lisait avec autant d'attention ceux venus de France que les articles de la presse russe traduits pour lui par le commissaire des guerres. Malgré une censure implacable et son éloignement, il sentait bouillir le pays.

À partir de 1821 le mysticisme du tsar s'emballa et la paranoïa répressive du régime se déchaîna. La discipline militaire devint le modèle de l'ordre social, les déportations vers la Sibérie sanctionnèrent les moindres critiques, l'enseignement fut soumis à l'Église, les loges maçonniques furent dissoutes et les écrivains étroitement surveillés. Denissov fut muté dans un bureau obscur du ministère de la Guerre, Caulaincourt, Bertrand et Gourgaud furent priés de rentrer en France. L'officier chargé de garder Napoléon, homme sans envergure et tatillon, arriva à la tête d'un régiment supplémentaire. Ce changement ne modifia pas l'humeur du reclus. Au contraire, il se divertit à provoquer son nouveau gardien et continua de prendre de l'exercice en galopant à travers champs avec le capitaine des dragons attaché à ses basques. Il rompit avec sa maîtresse, sortit cartes et atlas. Les routes et civilisations de l'Inde, de l'Asie mineure et du Moyen-Orient s'étalaient sur la table et le plancher de son cabinet.

La politique du gouvernement, loin d'apaiser la société, attisait la contestation. Denissov, à Saint-Pétersbourg, intégra une société secrète groupant des officiers acquis aux idées libérales. Certains s'affirmaient républicains, tous admiraient Napoléon. Le vétéran racontait aux jeunes patriotes enfiévrés ses soirées avec lui et tous rêvaient de ce qu'une Russie régénérée par les principes de 1789, libérée du servage et de l'obscurantisme religieux, avec son réservoir d'hommes, sa puissante armée, pourrait accomplir dans le monde sous la conduite d'un tel chef: l'Asie mineure, la Perse, l'Afghanistan, le Cachemire, tout cela serait russe avant dix ans. Le monde tremblerait.

Alexandre était las du pouvoir, son frère Constantin n'en voulait pas et Nicolas, le cadet, pas davantage. La révolution qui fermentait sous le couvercle de fer de l'autocratie trouva une brèche à la mort du tsar, le 19 novembre 1825. Les successeurs légitimes se défaussant, le trône resta vacant pendant trois semaines. Cela laissa le temps aux conjurés d'extraire Napoléon de son domaine avec la complicité d'une partie de l'état-major chargé de le surveiller, de l'acheminer, déguisé en boyard, flanqué de son fidèle secrétaire, jusqu'à Saint-Pétersbourg et de les y cacher en attendant le moment opportun.

Lundi 14 décembre à l'aube, trois régiments mutinés et des centaines de civils se massèrent sur la place enneigée du Sénat, face à l'Amirauté. Il n'y avait plus qu'à écarter les sentinelles, la garde d'honneur, pénétrer dans l'assemblée, proclamer la Constitution, arrêter la famille impériale, puis installer le gouvernement provisoire au Palais d'Hiver. Bonaparte n'avait pas procédé autrement le 18 brumaire. Tout était prêt, ne manquaient que la tête du complot et son signal.

Toute la journée, les soldats attendirent des ordres. Ils refusèrent d'écouter les parlementaires, tuèrent le général Miloradovitch venu à leur rencontre, repoussèrent une charge de cavalerie d'une unité loyaliste de la Garde. Au soir, Nicolas Ier, qui venait enfin de consentir à la couronne, fit donner l'artillerie. Ne resta plus sur la neige que des dizaines de corps. Aux enquêteurs, les conjurés livrèrent des informations embrouillées et contradictoires avant d'être pendus, ou fouettés puis déportés. L'histoire de la Russie les qualifia de « décembristes ». Un nom vague pour une énigme.

Napoléon n'entendit ni les clameurs des mutins, ni les coups de canon qui les firent taire. Embarqué nuitamment avec son scribe sur une goélette hollandaise affrétée par le général Janssens, un fidèle de la Grande Armée, il retournait en France. Charles X à peine sacré s'était rendu détestable par un train de mesures réactionnaires ; il suffirait à l'Empereur de surgir pour que la monarchie fût renversée. Il avait 56 ans, des projets plein la tête, de l'énergie à revendre.

Le général Gourgaud l'attendit jusqu'au lendemain de Noël à Cherbourg. Il dépêcha des cavaliers vers les ports de la Manche et de la mer du Nord. Personne ne put signaler la goélette. On sut plus tard qu'un caboteur français avait vu à l'aube un bateau de ce type glisser par temps calme, près du Jutland, dans la brume, une silhouette coiffée d'un étrange chapeau dressée sur le gaillard d'arrière.

Quinze ans plus tard, le 9 octobre 1840, lorsque Gourgaud et Bertrand, accompagnant le prince de Joinville, mirent le pied sur l'île de Sainte-Hélène pour y recueillir les cendres de l'Empereur et les rapporter en France, ils reconnurent dans le colonel britannique qui les accueillit le discret petit secrétaire du reclus des monts Oural.

LE GRAND PRINCE

› **Stéphane Barsacq**

Je me souviens de Venise dans les brumes, prise par l'humidité, où chaque palais était un navire à quai. C'était le jour de Noël en 1989. Le monde venait de basculer après la chute du mur de Berlin, la Roumanie était à feu et à sang. Et j'étais dans le Palazzo Brandolini, à l'invitation du marchand d'art Claude Bernard. En face de moi, toute la soirée, un vieil homme, élégant, à la voix posée, peintre de son état. J'ai nommé Léon Gischia. Celui-là même qui fit toutes les scénographies du Théâtre national populaire. Nous en sommes venus à discuter de théâtre, et pour cause, puisqu'il eut à travailler pour mon grand-père, et dès lors, il n'eut plus assez de mots pour me parler de son ami Gérard Philipe, avec lequel on le voit dialoguer, en compagnie de Jean Vilar, sur une photo célèbre d'Agnès Varda. Gischia avait conçu le costume du *Cid* dans lequel le comédien a été inhumé. Et ce soir-là, lui-même déjà en partance, Gischia n'eut pas assez de mots élogieux pour le comédien mort depuis longtemps : un homme qui n'avait pas quitté son enfance, et que sa mort n'avait pas dépouillé de sa jeunesse. Plus tard, je ne compte plus les amis de Gérard Philipe que j'ai pu écouter, d'Antoine Bourseiller à Philippe Noiret, qui tous m'en ont parlé, comme s'il avait été question de l'archange Gabriel revenu sur terre. La plus poignante fut sans doute Danièle Delorme, qui fut son premier amour à Antibes lors de

Stéphane Barsacq est écrivain, éditeur et journaliste. Dernier ouvrage publié : *Météores* (Éditions de Corlevour, 2020).
› stephane.barsacq@free.fr

la guerre, et à qui il devait d'avoir commencé sa carrière. Danièle Delorme ne l'appelait pas autrement que Gégé, et soudain Gégé était dans la pièce: farceur, rêveur, lisant de la poésie. Il avait à jamais 15 ans, et rêvait, au plus fort de la guerre, de pouvoir vivre d'autres vies. Et pour quoi? Pour fuir son père, qui fut lui-même en fuite à la Libération, ou pour se faire pardonner de Danièle Delorme, et de sa famille, qu'il avait étrangement mise en difficulté? non, par amour du verbe, par passion des autres. Car Gérard Philipe, s'il a tant marqué, ce fut d'abord pour avoir été un homme de service, parfaite définition du chevalier médiéval: il ne se battait pas pour lui, ni pour la vanité d'en tirer gloriole, mais pour plus haut que lui. Des auteurs, des textes, des causes. Tout ce qui fait qu'on peut établir un lieu où autrui vous retrouve, non dans l'idolâtrie, mais dans la contemplation de ce qu'il y a de plus haut, et qui transcende chacun.

Avec le recul, qui voyons-nous? Un faune gracile, doté d'une voix légère. Un jeune premier, certes. Mais rien qui se compare avec Jean Marais (qui joue alors les séducteurs improbables), Georges Marchal, Jean-Pierre Aumont ou Louis Jourdan. D'eux à lui existe une différence. Tous sont sur le registre du séducteur quand Gérard Philipe n'en a pas besoin: il est la séduction. C'est l'ange de Giraudoux dans *Sodome et Gomorrhe* dont il a assuré la création dans la mise en scène de Douking, sous le regard émerveillé du dramaturge, qui voyait sa « créature » sur scène. Or, d'emblée, ce qui a frappé tout le monde, c'est l'ambiguïté géniale de Gérard Philipe: un homme, mais angélique, une créature de lumière, aux retraites secrètes, pleinement incarné, et venant d'ailleurs. Insaisissable. Comme le dit Lia dans la pièce, en répondant à sa tirade (« Ne continue pas à mélanger sordidement le ciel et la terre »):

> « N'est-ce pas vous qui les mélangez en venant ici? Et le ciel se trompe s'il se croit recouvert ainsi que ses habitants d'un vernis céleste qui l'isole de nous. *[…]* Ce sont les habitants de la terre qu'une vitre terrible sépare. (1) »

Cet ange, Gérard Philipe n'a plus cessé de l'interpréter: ce fut le prince Mychkine, mais aussi bien Caligula dont il créa le rôle, sans oublier le double de Radiguet dans *Le Diable au corps*, et, aussi étonnant que ce soit, Fabrice Del Dongo et, sous la caméra d'Autant-Lara, Julien Sorel. Dès lors, Gérard Philipe a imposé le personnage de Gérard Philipe, l'éternel jeune homme : impétueux, batailleur, désinvolte, élégant, intelligent sans pédanterie, ni lourdeur, amusé, railleur au besoin, toujours prompt à l'action, le sourire sans malice, la puissance sans brutalité. Gérard Philipe appartient au royaume des contes pour adultes restés rivés à l'enfance où Fanfan la Tulipe donne la main à Marivaux, où Till l'Espiègle s'amuse avec Kleist et Musset. Que révèle-t-il ? un univers de passion, où la mélancolie est une fleur de poésie supplémentaire. Mais qui est-il, cet ange auquel rien ne résiste, ni homme ni femme ? Pourquoi son charme se compose-t-il d'une solitude, qui n'a rien de douloureux, mais désigne une région inaccessible ? Sur le plan de la carrière, force est de constater qu'il est le dernier grand comédien à avoir fait le grand écart : avoir créé des rôles au théâtre et y avoir interprété des classiques plébiscités, et avoir été une vedette du grand écran, sans abdiquer des engagements politiques, comme lorsqu'il fut président du syndicat des comédiens. Qui aujourd'hui, parmi les noms connus, pourrait donc donner en spectacle *Les Épiphanies* d'Henri Pichette ? Qui pourrait à la fois interpréter les tirades de Corneille et les dialogues d'Armand Salacrou comme dans *La Beauté du diable* (2) ?

Gérard Philipe n'a pas eu peur de redescendre d'un palier à chaque marche de son ascension. Plus il a été connu au cinéma, plus il a mis cette notoriété au service des classiques de la scène. Plus il a été l'objet des passions, plus il a su diriger celles-ci vers un au-delà : cette faculté non de jouer l'inspiré, et d'être sa caricature dans un amour de soi, mais d'être inspirant pour autrui. Sans doute sa mort, qui reste une telle tragédie, a-t-elle beaucoup fait pour son mythe : ainsi est-il parti au même âge que Purcell, Mozart et Rimbaud, donnant un quatrième musicien au quatuor de ces êtres qui n'avaient rien de divin, mais qui ont porté l'humanité jusqu'à sa pointe. Moins de deux mois plus tard, ce serait la mort en janvier 1960 d'Albert Camus, puis deux ans plus tard, celles de Jean-René Huguenin et de Roger Nimier, à une semaine l'un de l'autre. De quoi méditer sur l'adage selon lequel les dieux rappellent auprès d'eux ceux qu'ils préfèrent. De quoi aussi revivifier le mythe antique de Ganymède, ce berger enlevé par Zeus lui-même. Au chapitre VIII de son *Banquet*, Xénophon fait dire à Socrate que Zeus a enlevé Ganymède pour son âme et sa sagesse (amour spirituel) et non par amour pour son corps (amour physique). Pourtant, Gérard Philipe n'eut pas que des louanges de son vivant. Son double littéraire et amoureux auprès de Jeanne Moreau, Roger Nimier, n'a-t-il pas été jusqu'à écrire, en rendant compte des *Liaisons dangereuses* de Roger Vadim et Roger Vailland :

« Il faut qu'on cesse d'accommoder ce jeune homme à toutes les sauces. Après le poulet Julien Sorel et l'esturgeon à la Mychkine, voilà les petits pois à la Valmont. Tu te souviens du *Diable au corps* où il tremblait devant les vins que lui proposait le sommelier. On a l'impression qu'il fait la même chose devant les femmes du film, qu'il hésite entre une Présidente 1925 et un Château-vraie-jeune-fille 1937. »

Et d'ajouter :

« Attendons encore trente ans. Comme il fera un beau vieillard ! (3) »

Pour ne rien dire de ces lignes de François Mauriac :

« Gérard Philipe m'avait bouleversé dans *Les Caprices de Marianne*, son dernier rôle. J'ai réentendu durant cette émission l'adieu d'Octave à l'amour et à l'amitié, et qui était l'adieu de Gérard Philipe à la vie. Qu'est-il passé dans le disque de cette minute inoubliable ? La voix seule ne sert à rien, ni à l'image : la présence est irremplaçable. Je croyais que c'était le défaut de technique qui rendait si décevants et même si ridicules les disques de Sarah Bernhardt et de Julia Bartet, mais les moyens perfectionnés d'aujourd'hui ne peuvent guère plus pour sauvegarder ce charme que nous subissions, qui nous était imposé par un enchanteur. Quand il n'est plus là, il ne reste rien. (4) »

Qu'on le veuille ou non, en matière de ridicule, François Mauriac brille plus que quiconque ! Car il suffit de constater que Gérard Philipe ne s'est pas éclipsé, et déjà dans les disques que les enfants écoutent à chaque nouvelle génération : *Pierre et le Loup*, ou *La Vie de Mozart*. Sans parler du *Petit Prince* qui semble avoir été écrit pour lui, à telle fin que le conte de Saint-Exupéry semble ne pouvoir avoir de meilleure traduction que dans cette voix claire et douce. À l'occasion du centenaire de la naissance de Gérard Philipe, que nous découvre-t-il encore ? Comme Louis Jouvet, Jean Gabin, Michel Simon, Louis de Funès, Raimu, Bourvil, Fernandel, voire Jean-Paul Belmondo et Alain Delon ou Jean Rochefort et Jean-Pierre Marielle, sans oublier la liste des grands comédiens de théâtre, Charles Dullin, Daniel Sorano, Jean-Louis Barrault, Michel Bouquet ou Laurent Terzieff, il continue à incarner le rêve d'un talent authentique, et mieux : d'un *charisme*. Ne ressemblant à personne, il reste inimitable. Et quel équilibre pour l'avoir été en étant toujours un autre, pour avoir opéré la métamorphose du Soi, au profit d'un Moi, qui est chacun de nous. Gérard Philipe est à jamais ce verbe fait chair, ce prince fait homme, cet ange qui habite les régions d'un monde meilleur où rire et aimer, comme s'il était possible de vivre selon les lois de la transparence, où tout s'échange : le merveilleux et le quotidien, la pesanteur et la grâce, le Cid du vieux Corneille et la jeunesse sans âge de son interprète, qui rend la pièce à la vie. Mais voilà que me revient le visage de Léon Gischia, qui se confondait déjà avec les brumes de Venise, ou celui de Danièle Delorme, se rappelant son amour dans les pleurs, ou celui de Philippe Noiret, me disant avoir désespéré de pouvoir lui ressembler, avec la plus grande admiration, tous ces amis qui n'ont pas oublié qu'un grand comédien, s'il est bon, ne joue pas.

1. Jean Giraudoux, *Sodome et Gomorrhe* in *Théâtre complet*, coll. « Bibliothèque de la Pléiade », Gallimard, 1982, p. 883-884.
2. Au sujet de Gérard Philipe, on peut lire certains livres avec bonheur : celui d'Anne Philipe, son épouse, et de Claude Roy, *Gérard Philipe*, Gallimard, 1960 ; outre cet ouvrage qui contient de nombreux témoignages de première importance, il y a le récit devenu classique d'Anne Philipe, *Le Temps d'un soupir*, Julliard, 1963 ; sans oublier le récent livre de Jérôme Garcin, *Le Dernier Hiver du Cid*, Gallimard, 2019, et la biographie de Gérard Bonal, *Gérard Philipe*, Seuil, 2019.
3. Roger Nimier, *Les écrivains sont-ils bêtes ?*, Rivages, 1990, p. 133-134.
4. François Mauriac, *« On n'est jamais sûr de rien avec la télévision »*, Bartillat, 2008, p. 367-368.

ÉTUDES, REPORTAGES, RÉFLEXIONS

UNE RÉSISTANCE VERTUEUSE À L'INDUSTRIE CULTURELLE

› **Jean-Michel Djian**

« Un soir, j'ai assis la beauté sur mes genoux.
Et je l'ai trouvée amère.
Et je l'ai injuriée. »
Arthur Rimbaud, *Une saison en enfer*

L'Art et essai cinématographique sera bientôt au cinéma industriel numérisé ce que le vinyle est au *streaming* digitalisé : un symbole de résistance supplémentaire face à une industrie culturelle ravageuse. Comme les librairies, dont les livres étaient hier promis à la virtualité lorsque les liseuses débarquèrent sur le marché, sont déjà redevenues des havres de paix choyés par des lecteurs affamés de tripatouiller des ouvrages édités sur papier. C'est le retour tranquille à un âge d'or pas si lointain où les œuvres prenaient leurs quartiers à l'abri de la raffinerie lourde du divertissement commercial et dans des lieux incarnés qui ressemblent à des foyers.

Jean-Michel Djian est journaliste et écrivain, auteur notamment de *Politique culturelle : la fin d'un mythe* (Folio Gallimard, 2005).

Dans les années cinquante, l'économiste et philosophe autrichien Leopold Kohr, connu pour avoir vulgarisé le slogan « *small is beautiful* », prédisait déjà que seule « l'économie de proximité artisanale et conviviale » assurerait la plénitude de l'humanité. Ses compères Ivan Illich et Ernst Friedrich Schumacher en avaient même fait leur miel intellectuel dans les années soixante. Aujourd'hui, force est de constater qu'après deux ans de diète et d'introspection imposés par l'épidémie, la culture de proximité a tiré la première son épingle du jeu. Une conscience culturelle d'un genre nouveau a surgi des profondeurs de la société d'abondance pour exiger du sens, de la convivialité, de l'intelligence surtout. C'est spectaculaire s'agissant du cinéma, une industrie improbable entrée dans le XXe siècle en conquérante et qui, à l'aube du XXIe, se retrouve avec une fréquentation en baisse de 30 %.

L'effet de vase communicant a fait le reste : les nombreuses petites salles de cinéma indépendantes (souvent membres de l'Association française des cinémas Art et essai, ou de réseaux de ciné-clubs associatifs) éparpillées sur le territoire national, vivant à l'économie par conviction mais d'abord du plaisir d'accueillir des films exigeants et un public averti, ont récupéré aussitôt des spectateurs contrariés pour les fidéliser. Ce retour en grâce du « cinéma de papa » qu'aucun distributeur ni aucune autorité publique n'avaient sérieusement envisagé est le révélateur du changement radical des attentes des cinéphiles exaspérés par la froideur mortifère des complexes cinématographiques. Mais aussi et surtout par la boulimie commerciale de producteurs et de distributeurs aveuglés par les chiffres et seulement les chiffres.

L'effet conjugué de la numérisation généralisée des salles, de la débauche publicitaire, des contraintes sécuritaires tatillonnes, de l'orgie de pop-corn aura eu raison de cette envie presque charnelle des spectateurs d'aller au cinéma « pour apprendre, s'évader, se faire plaisir et communier aussi », comme le philosophe-cinéphile Edgar Morin le murmurait à l'oreille de Jean Rouch dans les années soixante.

Un demi-siècle plus tard, aucune contestation flagrante du système qui culturellement nous gouverne, ni de débats publics pour en parler, juste des chiffres en provenance du Centre national du cinéma publiés le 23 mai dernier pour (discrètement) alerter : 38 % des spectateurs ont perdu l'habitude de se rendre dans une salle de cinéma ; 36 % trouvent le prix du billet trop cher ; 33 % n'ont pas supporté (ou ne supportent pas) le port du masque ; 26 % se satisfont désormais de regarder des films sur des écrans domestiques, et surtout 23 % du public dit manquer d'intérêt pour les films proposés. Point trop n'en faut.

Le parfum de *Cinema Paradiso* de Guiseppe Tornatore, film prémonitoire sorti en salle l'année de la chute du mur de Berlin en 1989, flotte encore dans l'imaginaire cinématographique pour l'exorciser de ses démons mégalo-commerciaux. Le cinéma industrialisé, numérisé, phagocyté par la publicité a en effet du souci à se faire car il ne tient plus ses promesses de distraire et de cultiver le spectateur éclairé. Or c'est pourtant bien l'amoureux de cinéma qui continue d'aller régulièrement dans les salles et qui, aujourd'hui par le bouche-à-oreille, contribue au succès ou à l'échec d'un film. Pourquoi irait-il en dire du bien quand pour en voir un bon il lui faut en voir plusieurs, prisonnier qu'il est d'un abonnement qui le contraint ? Pourquoi serait-il satisfait d'aller au cinéma quand il sait qu'après avoir pris son billet dans un distributeur pour régler sa séance d'une heure trente il doit endurer vingt minutes d'écrans publicitaires au fond d'un siège désormais numéroté ? Où est la promesse des grands groupes UGC, Gaumont, CGR ou MK2 de faire le bonheur des spectateurs dans leurs salles de cinéma ? Se rendent-ils compte qu'avant des films c'est l'image et le son qu'ils célèbrent ? Pourquoi ces gens-là, qui pour certains savent mieux que d'autres ce qu'est le cinéma, ne mettent-ils seulement les pieds au Champollion à Paris ou au Méliès à Montreuil, pour d'autres à l'Arvor à Rennes ou à La Locomotive à Arzon, que pour goûter l'ambiance désuète d'une projection en 35 mm sur grand écran d'un film de Buñuel et en humer la différence ?

Il fut un temps où la Nouvelle Vague participait de cette promesse. Feu Godard ou Truffaut exigeaient du cinéma qu'il dise et pense le monde ; qu'il crée son langage, voire sa caste d'*aficionados* d'ailleurs plus préoccupés d'avant-garde que de production de récits cinématographiques. Peu importe, ce cinéma-là a réussi le tour de force de faire bouger les lignes esthétique, intellectuelle et politique du septième art. Du grand art, assurément.

Le 13 septembre dernier, la disparition de l'auteur d'*À bout de souffle* signe aussi celle d'une industrie cinématographique désincarnée qui paie le prix de son conformisme. Kohr a raison. Comme les industries musicales ou livresques, le commerce du cinéma a d'abord besoin d'artisanat, d'un rapport charnel avec des gens plutôt qu'avec une clientèle. Des signaux ? le plaisir éprouvé et souvent récompensé d'un public cinéphile mais aussi mélomane ou littéraire présent aux nombreux débats désormais organisés après les films, les *afters* dans les concerts, dans les librairies en présence ou de réalisateurs, ou de chanteurs, ou bien d'acteurs et d'écrivains. Cette tendance lourde de la vie culturelle nationale en dit long sur l'aspiration d'un public informé à parler d'une œuvre en présence de ceux qui la créent.

S'agissant de la musique et de son industrie, c'est un cri du cœur qui, le plus spontanément du monde, sort de la bouche de Benjamin Biolay quand, au mois de septembre dernier dans *Libération*, il avoue en avoir « plein le cul de la musique digitale ». Vincent Delerm dirait sûrement la même chose, lui qui, afin de fêter ses vingt ans de carrière, a préféré choisir L'Européen, cette salle parisienne en demi-cercle de 350 places seulement, pour chanter à portée de chair et de vue, comme son public en a envie. Évidemment le milieu s'en étonne mais Biolay dit exactement ce que la grande majorité des musiciens pense depuis que le *streaming* et la vente de CD à la Fnac ou dans les mégastores ne suffisent pas à dégager des marges pour que les gros labels se développent. Ce sont les tournées, c'est-à-dire ce fameux « corps à corps » entre l'artiste et son public, qui portent le secteur, ce sont les Zénith, les festivals, les scènes nationales et autres hangars gigantesques qui sont devenus les succursales de l'industrie musicale, mais pour combien de temps ? Comme pour le cinéma, le public du spectacle vivant veut voir ses artistes dans des lieux probablement moins rentables mais plus conviviaux, des salles à dimension humaine qui laissent le pouvoir aux saltimbanques. En réalité, ce dont rêvent les artistes c'est d'un théâtre à l'italienne qui accueillerait naturellement la production musicale ou cinématographique dans un format artisanal ; des lieux où la communauté des vivants s'entend parler, respirer, frissonner, communier ; où chaque soir l'acteur, le réalisateur ou l'auteur prend sa part de risque en direct, *live*. « Le spectacle vivant peut survivre au cinéma pour une raison bien simple, prédisait l'acteur Jean-Pierre Darroussin : c'est ce rapport charnel avec le public qui le fait exister. »

La fièvre festivalière qui chaque été embrase les territoires et convoque le livre, la musique ou le cinéma pour les animer ou les réanimer n'est, en fin de compte, que la quintessence des sens et de l'esprit réunis d'une population avide d'en finir avec la solitude. De la fraternité en somme, qu'elle soit républicaine ou spirituelle. Qui aurait pu imaginer il y a vingt ans que des écrivains et des comédiens trouveraient du plaisir à partager ensemble des lectures à voix haute devant un public toujours plus nombreux ? Comme c'est le cas chaque année à Manosque pour l'incontournable festival Les Correspondances ou au Banquet du livre à l'abbaye de Lagrasse. C'est de cette hybridité anthropo-artistique que se nourrit l'économie de la culture ; et c'est l'État et le marché, complices intéressés de cet état de fait, qui accompagnent le mouvement. À la condition que l'un et l'autre continuent de faire en sorte que ces extraterrestres de l'art qui nous ravissent poursuivent leur chemin en échappant à la médiocrité occasionnée par le gigantisme et la débauche publicitaire. C'est le petit commerce plutôt que la grande distribution qui leur sied. Et rien d'autre. Ça tombe bien pour la planète, ils sont dans l'air du temps.

SUR LE VIF

› **Fatiha Boudjahlat**

Peut-on dire d'une femme politique qu'elle profère de parfaites inepties sans encourir les accusations de harcèlement et de misogynie ? Quand, comment aurait-il pu être question d'une autre femme qu'elle… lorsque Sandrine Rousseau parle de rééducation, de quasi-reprogrammation des humains et spécialement des hommes dans leurs rapports à la viande et à son mode de cuisson ? Le barbecue, acte anthropologique et politique, comme signe et signifiant virilistes… à déconstruire. Surfant sur toutes les modes éditoriales et médiatiques, la députée Rousseau, universitaire, rappelons-le, donne une conférence sur les femmes sorcières, victimes du patriarcat incendiaire. Le mal que Mona Chollet aura fait à la vérité historique avec son brûlot sur les femmes brûlées… Elles sont officiellement réhabilitées en Écosse. Cela ne coûte pas grand-chose et rapporte un max à la bourse du féminisme intersectionnel…

Fatiha Boudjahlat est fonctionnaire de l'Éducation nationale, féministe universaliste. Derniers ouvrages publiés : *Combattre le voilement* (Cerf, 2019), *Les Nostalgériades* (Cerf, 2021).

Quelques historiens ont soulevé et relevé les erreurs, omissions et mensonges de Sandrine Rousseau comme ceux de Mona Chollet. Que s'est-il alors passé ? Des universitaires, professeurs d'histoire ou de science politique, ont préféré donner des gages de gauchisme plutôt que de rester dans la science. Ainsi Samuel Hayat a-t-il pondu le 10 septembre dernier ce fil sur Twitter :

> « Est-ce qu'on doit utiliser notre connaissance des faits pour mettre en question des usages militants du passé ? Et si oui, faut-il le faire indifféremment pour tous les usages militants ? On est un certain nombre à penser que non, tous les usages militants ne se valent pas. Et qu'il faut en particulier distinguer entre les usages militants par des dominant-es pour défendre l'ordre social, et les usages militants de dominé-es pour le subvertir. »

Si vous êtes du bon côté, la gauche radicale, vous pouvez dire n'importe quoi, tordre le passé, parce que c'est pour la bonne cause. Si vous êtes de la bonne couleur de peau, la couleur de peau des « dominé-es », vous pouvez mentir ou accumuler les omissions, oublis, mensonges historiques. Parce que vous êtes la bonne cause. Mais, attention, il n'est pas question que les gens de droite et de l'ultra-droite fassent de même. Eux n'ont pas le droit. Ce professeur de science politique a supprimé ce fil, avec ce message piteux :

> « J'ai supprimé un *thread* sur les usages militants de l'histoire, car il était mauvais et pas sympa pour des collègues. Désolé. Il était surtout nul car il mélangeait 2 choses : les manières d'utiliser l'histoire, et les manières d'en faire. Du coup, 2e essai, pour rater mieux. »

Pour ensuite en développer un qui dit exactement la même chose :

> « Se pose la question de comment on réagit quand un-e militant-e utilise des faits historiques faux pour justifier

> ses positions politiques. D'un côté, rectifier les erreurs fait partie de notre éthique professionnelle ; d'un autre, ça a des effets politiques, de deux ordres. *[...]* D'abord, ça invalide la parole militante tenue (sur la France éternelle, la résistance des femmes, etc.) en sapant une de ses bases. Ensuite, au niveau agrégé, ça pousse les militant-es à faire attention à ce qu'iels disent (vision optimiste), ou... à se passer de l'histoire. »

« Les usages militants de l'histoire », soit tordre le passé pour le faire coïncider aux modes actuelles, aux discours politiques actuels, jouer aux Procuste et couper tout ce qui dépasse du cadre, tout ce qui ne coïncide pas avec ses convictions... Sur la colonisation, les sorcières, les traites... Que ce discours soit tenu par des militants est déjà une faute. Qu'il soit désormais repris, légitimé et validé par des enseignants et chercheurs est juste terrifiant.

Dans la même logique, mais inversée, les gauchistes de la Nupes s'acharnent contre Fabien Roussel, qui, jouant à domicile, c'est-à-dire à la Fête de *L'Humanité*, a tenu ces propos : « La gauche doit défendre le travail et ne pas être la gauche des allocations et minima sociaux. » Il a donc logiquement été accusé de racisme... Parce que seuls les gens de couleur touchent des aides sans doute. La mauvaise foi y fait beaucoup. C'est qu'il accumule les griefs, le père Roussel. Il aime la viande, y compris au barbecue. Et il bat le Rassemblement national dans des terres qui lui sont acquises... C'est forcément qu'il donne des gages à ces électeurs fascistes... Lui et François Ruffin, autre élu de terres extrême-droitières, osent réclamer que la gauche réhabilite et rapatrie dans son champ idéologique et politique la valeur travail. Mais les adulescents gauchistes de la Nupes trouvent la démarche suspecte, droitière. Le travail, c'est mal. Le plein-emploi, c'est mal. La croissance, c'est mal.

L'homme qui grille de la viande, c'est mal. Les faits historiques, c'est mal. À force de tordre le passé, les valeurs, ils sont devenus de sacrés tordus. L'écrivain allemand Heinrich Heine avait écrit : « L'historien est un prophète qui regarde en arrière. » Rien de plus faux. Rien de pire que la téléologie. Ce qui fait la supériorité de la science historique réside dans la conclusion de ce que Baudelaire écrivait :

> « Seigneur, ayez pitié des fous et des folles ! Ô Créateur ! peut-il exister des monstres aux yeux de Celui-là seul qui sait pourquoi ils existent, comment ils se sont faits et comment ils auraient pu ne pas se faire ? (1) »

Ces derniers mots rendent toute leur liberté, leur marge d'action et leur responsabilité aux humains. Non, rien n'a conduit à ce que nous vivons. Il en est ainsi mais il aurait pu en être autrement. Aucune fatalité. Pas même celle de la fin du monde. Ni celle de la fin du mois.

Dans mes nouvelles fonctions de principale adjointe dans un collège Réseaux d'éducation prioritaire (REP) de l'Yonne, je mesure combien ces territoires sont ultra-périphériques. Le quart-monde et ses effets terribles, physiques, mentaux, psychologiques sur les familles, les enfants, le territoire. Et je repense au discours misérabiliste entendu dans toutes les bouches gauchistes et chez les habitants des quartiers populaires. Eux qui ont accès à la mobilité, aux équipements. Je suis désormais corsetée par le fameux devoir de réserve… Mais il faut se rendre compte du nombre d'enfants placés depuis qu'ils sont tout petits en famille d'accueil, ou, parce qu'il n'y a pas assez de familles d'accueil, à domicile, chez des parents dont les services sociaux et/ou judiciaires ont reconnu la toxicité, voire la dangerosité. Pas assez de professionnels de santé ou de l'Aide sociale à l'enfance. L'école est le seul repère de ces gamins, tour à tour victimes et abuseurs. Je dispose désormais de l'autorité de décider des exclusions du collège. Je n'ai jamais moins eu envie de les prononcer. Quand la « promesse de l'aube » de l'amour de parents est à ce point trahie, quand son enfance est à ce point un chemin de croix, la dimension éducative et restaurative de l'école prend tout son sens… vital. Ces enfants ont besoin de cadre. Mais ils ont aussi besoin de se raccrocher à quelque chose. Aucun autre service public ne remplit aussi bien ce rôle que l'école. Je suis pourtant étourdie par l'écart entre la misère que j'observe, le déclassement social, intellectuel, et nos faibles moyens. Quand une mère est emprisonnée pour une peine conséquente après avoir martyrisé sa fille, mais qu'elle conserve son autorité parentale sur elle et s'oppose à ce que cette petite voie un médecin ou passe simplement le bilan de santé fait par l'infirmière… Parents toxiques. Cette inégalité-là, de naissance, d'enfance, d'amour maternel et paternel reçu, conditionne tant de trajectoires de vie… C'est moins sexy que les sorcières à la puissance invaincue…

1. Charles Baudelaire, in *Petits poèmes en prose* ou *Le Spleen de Paris*, 1862.

LA MALÉDICTION DES PHARAONS, ENTRE CRÉATION LITTÉRAIRE ET ANALYSE SCIENTIFIQUE

› **Annick Steta**

À l'automne 1922, l'archéologue britannique Howard Carter arriva en Égypte pour reprendre les fouilles qu'il menait depuis plusieurs années dans la Vallée des Rois. Carter avait commencé à participer à des missions archéologiques en 1892 avant d'être nommé en 1899 inspecteur des antiquités de Haute Égypte. Il avait quitté le service des Antiquités en 1905 après avoir pris la défense des gardiens du Sérapéum de Saqqarah lors d'une dispute qui les avait opposés à un groupe de touristes français. Ces derniers tentaient de forcer l'entrée du site, qui était alors fermé au public. Carter refusa de présenter des excuses aux touristes et fut démis de ses fonctions sous la pression du consul général du Royaume-Uni en Égypte, Evelyn Baring, qui était alors l'homme le plus puissant du pays (1). Durant plusieurs années, il gagna sa vie en vendant les aquarelles qu'il peignait, en faisant visiter les sites qu'il protégeait autrefois, et en expertisant des objets présentés comme du matériel archéologique

Annick Steta est docteur en sciences économiques et diplômée de la Harvard Kennedy School.
› asteta@hotmail.fr

à la demande d'acquéreurs potentiels. L'égyptologue français Gaston Maspero, qui dirigeait le service des Antiquités et était navré d'avoir dû se passer des services de Carter, recommanda chaleureusement celui-ci à George Herbert, le cinquième comte de Carnarvon. Lord Carnarvon, qui passait régulièrement l'hiver en Égypte depuis qu'un accident de voiture avait altéré sa santé, collectionnait les antiquités égyptiennes et voulait mener ses propres fouilles. Les archéologues français, qui considéraient l'Égypte comme leur chasse gardée depuis l'expédition scientifique conduite parallèlement à la campagne militaire de Bonaparte entre 1798 et 1801, avaient été contraints de composer avec leurs collègues britanniques, dont beaucoup souhaitaient prendre part aux fouilles réalisées sur le territoire égyptien. Gaston Maspero était par ailleurs conscient de la nécessité de recourir à des missions étrangères pour faire avancer le programme de prospection. Il n'hésita donc pas à attribuer des concessions de fouilles à des équipes qui présentaient des garanties scientifiques suffisantes (2).

C'est dans ce contexte que débuta la collaboration de Howard Carter et de Lord Carnarvon. De 1907 à 1911, ils menèrent des campagnes de fouilles au sein du complexe funéraire de Deir el-Bahari, qui fait partie de la nécropole de Thèbes (3). Ces campagnes donnèrent lieu en 1912 à la publication d'un ouvrage à quatre mains intitulé « Cinq années d'explorations à Thèbes ». En juin 1914, Lord Carnarvon reprit la concession de fouilles de la Vallée des Rois à laquelle l'homme d'affaires américain Theodore Davis venait de renoncer. Davis était persuadé qu'une des tombes ou des caches mises au jour par l'archéologue Edward Ayrton, qui conduisait les fouilles en son nom, était la sépulture de Toutankhamon, un pharaon de la dix-huitième dynastie dont on ne savait presque rien. La tombe KV54 contenait notamment une pièce de lin portant une inscription mentionnant Toutankhamon. S'y trouvait également le matériel d'embaumement qui avait vraisemblablement été utilisé lors des cérémonies funéraires de ce pharaon. Selon Davis, il n'y avait plus rien à découvrir dans la Vallée des Rois. Maspero, qui accorda à Lord Carnarvon un permis de fouille, partageait cette conviction. Mais Howard Carter et Lord Carnarvon interprétaient différemment les comptes rendus des fouilles menées par Edward Ayrton et Theodore Davis. Pour eux, les objets trouvés lors de ces fouilles constituaient des indices de la présence de la tombe de Toutankhamon dans la Vallée des Rois. La tombe que Davis avait identifiée comme étant celle de ce pharaon leur paraissait cependant bien trop petite (4). La campagne que Carter et Lord Carnarvon s'apprêtaient à mener dans la Vallée des Rois avait donc pour principal objectif de découvrir la sépulture de ce souverain.

Le déclenchement de la Première Guerre mondiale retarda leur entreprise, qui ne débuta vraiment qu'à l'automne 1917. En 1922, seule une partie de la vallée située au pied de la tombe de Ramsès VI et occupée par les vestiges de cabanes d'ouvriers datant de la vingtième dynastie restait à explorer. Lord Carnarvon, qui finançait ces travaux, souhaitait mettre un terme à une aventure fort coûteuse qui n'avait produit que de modestes résultats. Carter le convainquit de poursuivre leur collaboration durant une ultime saison. Arrivé sur place le 28 octobre 1922, il constitua rapidement une équipe de fouille et reprit l'exploration du site le 1er novembre. Trois jours plus tard, le 4 novembre, les ouvriers mirent au jour une marche taillée dans le roc. Après avoir dégagé un escalier et déblayé le couloir auquel il conduisait, Carter aperçut le haut d'une porte scellée. Il reconnut la marque du sceau de la nécropole royale – un chacal couché au-dessus de neuf prisonniers ligotés. Mais il ne vit pas l'empreinte du sceau de Toutankhamon qui se trouvait quelques centimètres plus bas, sur la partie de la porte qui n'avait pas encore été mise à nu. Carter envoya un télégramme à Lord Carnarvon pour l'informer de la découverte d'« une tombe somptueuse dont les sceaux sont intacts », qu'il avait décidé de refermer et de faire garder jusqu'à l'arrivée du financeur de l'expédition. Dès que Lord Carnarvon fut parvenu à Louxor, l'équipe reprit ses travaux d'excavation. Le 24 novembre, l'escalier fut complètement dégagé et les empreintes du sceau de Toutankhamon apparurent nettement sur la porte. Celle-ci portait par ailleurs des traces de réouverture, ce qui laissait penser que des voleurs s'étaient introduits dans la tombe. Mais le fait qu'elle ait été rescellée permettait d'espérer que la sépulture du pharaon n'avait pas été totalement pillée. Le lendemain, l'équipe retira les pierres qui bloquaient cette porte et commencèrent à déblayer les gravats qui encombraient un second couloir. Vers le milieu de l'après-midi du 26 novembre, les ouvriers atteignirent une nouvelle porte qui portait elle aussi le sceau de Toutankhamon. Carter pratiqua une petite ouverture dans le coin supérieur gauche de cette porte. À Lord Carnarvon qui, anxieusement, lui demanda s'il voyait quelque chose, il ne put que répondre : « Oui, des merveilles ! » (5) Il distinguait à la lueur d'une bougie une partie des œuvres d'art qui peuplaient l'antichambre de la tombe. Les centaines d'objets contenus dans cette pièce furent photographiés et numérotés avant d'être retirés de la tombe et mis en sécurité. Ces opérations s'étendirent jusqu'à la mi-février 1923. Le 17 février, Carter et son équipe ouvrirent enfin la chambre funéraire où se trouvaient le sarcophage et les trois cercueils emboîtés contenant la momie de Toutankhamon. L'ouverture du sarcophage et des cercueils momiformes s'étendit de 1924 à 1926.

Un emballement médiatique

La découverte exceptionnelle faite par Howard Carter et Lord Carnarvon avait déclenché une frénésie médiatique dans le monde entier. La curiosité et l'excitation furent portées à leur comble par l'annonce de la mort de Lord Carnarvon, survenue au Caire le 5 avril 1923. La cause de son décès ne laissait pas place au doute. Le 17 mars 1923, le médecin qui avait été appelé à son chevet diagnostiqua un érysipèle, qui est une infection de la peau due à une bactérie, ainsi qu'une infection du sang provoquée par un streptocoque. Ces infections auraient trouvé leur origine dans une piqûre de moustique à la joue qui se serait infectée. En progressant dans l'organisme, elles déclenchèrent une pneumonie et provoquèrent la détérioration de plusieurs organes. Les symptômes présentés par Lord Carnarvon durant les semaines qui conduisirent à son décès étaient cohérents avec le diagnostic initial (6).

Les conditions réelles de la mort de Lord Carnarvon furent cependant oblitérées par la légende selon laquelle il aurait été victime d'une malédiction visant ceux qui violent la sépulture d'un pharaon. La presse donna à cette supposée malédiction un écho considérable. Elle s'appuyait pour ce faire sur des rumeurs susceptibles de donner de la consistance à cette légende. L'égyptologue britannique Arthur Weigall, qui avait succédé à Howard Carter dans ses fonctions d'inspecteur des antiquités de Haute Égypte en 1905 et qui couvrit l'ouverture de la tombe de Toutankhamon en tant que correspondant du *Daily Mail*, entendit Lord Carnarvon plaisanter alors qu'il se préparait à entrer dans la sépulture. Weigall aurait alors dit : « S'il descend dans cet état d'esprit, je lui donne six semaines à vivre. » Au moment précis du décès de Lord Carnarvon, sa chienne, Susie, qui était restée en Angleterre, aurait poussé un hurlement avant de mourir. Les lumières de l'hôpital du Caire se seraient éteintes au même instant. Le *New York Times* rapporta par ailleurs que, le soir de l'ouverture de la tombe, un serpent semblable à ceux que portaient les couronnes des deux statues qui gardaient l'entrée de la chambre funéraire s'était jeté sur le canari de Carter. Les personnes présentes avaient tué le serpent, mais le canari n'avait pas survécu (7). Dès le 6 avril, le *New York Times* publia en une un article consacré à diverses théories relatives à la vengeance des dieux que Lord Carnarvon aurait encourue (8). Un quotidien new-yorkais, le *New York World*, fit paraître une lettre de la romancière britannique Marie Corelli dans laquelle celle-ci affirmait avoir annoncé au comte qu'un terrible châtiment attendait ceux qui perturbaient le repos éternel d'un pharaon. Quant à Arthur Conan Doyle, le créateur de Sherlock Holmes, il déclara à des journalistes que le partenaire de Howard Carter pourrait avoir été la victime d'un sort jeté par des prêtres égyptiens pour protéger la tombe de Toutankhamon. Lors des décennies suivantes, la mort de membres de l'équipe de Carter ainsi que celle de visiteurs, avérés ou supposés, de la sépulture de l'enfant-pharaon (9) contribuèrent à faire perdurer la légende de la malédiction des pharaons. En 1970, près d'un demi-siècle après l'ouverture du tombeau, le *Times* de Londres fit état d'un accident de la circulation dans lequel un membre supposé de l'expédition de Howard Carter fut blessé. L'article était intitulé « Une malédiction d'un pharaon » (10).

Cette malédiction était née au XIXe siècle dans l'imaginaire de romanciers de langue anglaise. La nouvelle intitulée « Perdu dans une pyramide, ou la malédiction de la momie » (*Lost in a Pyramid or the Mummy's Curse*), que Louisa May Alcott fit paraître en 1869, a longtemps été considérée comme la première œuvre de fiction évoquant la vengeance d'une momie dont la sépulture avait été violée. En réalité, deux nouvelles antérieures reposaient sur des intrigues similaires : *Après trois mille ans* (*After Three Thousand Years*), publiée en 1868 par la romancière américaine Jane G. Austin, qui entretenait des relations amicales avec l'auteure des *Quatre Filles du docteur March* (*Little Women*), et *L'Âme de la momie* (*The Mummy's Soul*), parue en 1862 sans nom d'auteur. C'est sur ce terreau fertile que la légende de la malédiction des pharaons se développa après la découverte de la tombe de Toutankhamon. À cela s'ajouta la frustration de l'essentiel de la presse mondiale, qui fut rapidement privée d'accès aux informations relatives aux découvertes faites par l'équipe de Carter. Lord Carnarvon avait en effet conclu dès le 9 janvier 1923 un accord d'exclusivité avec le *Times* de Londres. À ses yeux, un tel accord permettrait de réduire au minimum les perturbations liées à la présence de journalistes et de photographes sur le site de fouille. Les autres organes de presse, qui n'avaient aucun élément factuel à se mettre sous la dent, se rabattirent sur le thème de la malédiction des pharaons et l'exploitèrent jusqu'à la corde. Avant même la mort de Lord Carnarvon, plusieurs titres avaient évoqué ouvertement l'hypothèse d'une revanche des esprits qui protégeaient le repos du pharaon (11).

Confrontés à la persistance de cette légende, des scientifiques issus de différents champs disciplinaires ont cherché à démêler le vrai du faux. Dans un essai paru en 1923, l'égyptologue Arthur Weigall rappela que les malédictions inscrites sur les murs des tombes égyptiennes étaient très rares et qu'elles étaient exclusivement destinées aux pilleurs de tombe contemporains des pharaons. Même si de telles inscriptions avaient été retrouvées dans la tombe de Toutankhamon, ce qui n'a pas été le cas, la malédiction aurait visé les voleurs qui s'étaient introduits dans la sépulture peu après l'inhumation du pharaon (12). Dans les années quatre-vingt-dix et deux mille, l'hypothèse selon laquelle la mort de Lord Carnarvon aurait pu être liée à la présence dans la tombe de champignons filamenteux du genre *Aspergillus* a été évoquée. Des études ont en effet révélé que certaines momies étaient porteuses de diverses espèces de champignons, dont deux au moins (*Aspergillus niger* et *Aspergillus flavus*) sont potentiellement dangereuses. Les murs de certaines tombes pourraient par ailleurs être couverts de bactéries responsables d'infections respiratoires. Mais les épidémiologistes qui se sont penchés sur le cas de Lord Carnarvon jugent peu vraisemblable que des organismes présents dans la tombe aient provoqué sa mort. Si le comte avait été contaminé par un champignon ou une bactérie, les symptômes d'une telle infection se seraient manifestés beaucoup plus tôt (13).

De façon à mettre en évidence des indices de l'existence de la malédiction des pharaons, un médecin et chercheur australien, Mark R. Nelson, a cherché à établir une corrélation entre l'exposition supposée à une telle malédiction et la durée de survie des individus après exposition. Pour ce faire, il a utilisé les dates de naissance et de décès de quarante-quatre Occidentaux dont Carter mentionna la présence en Égypte au moment de la découverte de la tombe de Toutankhamon. Vingt-cinq d'entre eux auraient pu être exposés à la malédiction des pharaons lors d'un ou plusieurs des événements suivants : l'ouverture de la porte de la chambre funéraire, l'ouverture du sarcophage, l'ouverture des cercueils et l'examen de la momie. Si Mark R. Nelson a exclu les Égyptiens qui ont assisté à un ou plusieurs de ces événements, c'est parce que leur espérance de vie était susceptible d'être différente de celle des Occidentaux et qu'il était plus difficile d'obtenir des informations précises sur les membres de ce groupe. L'analyse statistique conduite par ce chercheur montre qu'il n'existe pas de différence significative en termes de durée de survie et d'âge de décès entre les Occidentaux qui ont potentiellement été exposés à une malédiction, que ce soit une ou plusieurs fois, et ceux qui ne l'ont pas été. Il n'y a donc pas de preuve de l'existence de la malédiction des pharaons (14). Un siècle après la découverte de la tombe de Toutankhamon, cette légende a cédé la place à un intérêt plus authentique pour la civilisation de l'Égypte ancienne. Peut-être ce détour mystérieux était-il nécessaire pour convaincre le plus large public de la nécessité de préserver cet héritage.

1. Le Royaume-Uni occupa militairement l'Égypte à partir de 1882. Il exerça formellement un protectorat sur ce pays du 18 décembre 1914 au 28 février 1922.
2. Éric Gady, « L'archéologie de l'Égypte antique pendant la période coloniale de l'occupation britannique à la découverte du tombeau de Toutankhamon », *Les Nouvelles de l'archéologie*, n° 126, 2011, p. 47-50.
3. La ville moderne de Louxor comprend le site de la cité antique de Thèbes.
4. Howard Carter, *La Découverte de la tombe de Toutankhamon*, NuiNui, 2022, p. 63-65.
5. *Idem*, p. 75-84.
6. Ann M. Cox, « The Death of Lord Carnarvon », *The Lancet*, vol. 361, 7 juin 2003.
7. « Times Man Views Splendors of Tomb of Tutankhamen », *The New York Times*, 22 décembre 1922.
8. « Carnarvon's Death Spreads Theories About Vengeance. In Egypt, England, France and Here, Occultists Advance Stories of Angered Gods », *The New York Times*, 6 avril 1923, p. 1.
9. Toutankhamon accéda au trône vers l'âge de 9 ans et mourut à 18 ou 19 ans.
10. Frank L. Holt, « Egyptomania: Have We Cursed the Pharaohs? », *Archaeology*, vol. 39, n° 2, mars-avril 1986, p. 60-63.
11. *Idem*.
12. Des découvertes postérieures à celle de la tombe de Toutankhamon laissent penser que celle-ci n'a pas pu être rescellée après le règne d'Horemheb, soit dix à quinze ans après l'inhumation du pharaon.
13. Brian Handwerk, « Egypt's "King Tut Curse" Caused by Tomb Toxins? », *National Geographic*, 6 mai 2005.
14. Mark R. Nelson, « The Mummy's Curse: Historical Cohort Study », *The British Medical Journal*, vol. 325, du 21 au 28 décembre 2002.

LA DIPLOMATIE FRANÇAISE À L'HEURE DE L'ANGLOSPHÈRE

› **Tony Corn**

De nos jours, il n'y a plus guère que Vladimir Poutine et quelques djihadistes pour croire encore en l'existence de l'« Occident » – au sens traditionnel du terme. Dans les corridors du pouvoir à Washington comme à Londres, à Ottawa comme à Canberra, on pense de plus en plus en termes d'« Anglosphère ».

Sur le plan intellectuel, on peut dater de 2007 l'émergence de ce concept, avec la publication simultanée de *God and Gold: Britain, America, and the Making of the Modern World* du géopoliticien américain Walter Russell Mead, et de *A History of the English-Speaking Peoples since 1900* de l'historien britannique Andrew Roberts (1). Côté américain, il fallut toutefois attendre la présidence de Donald Trump pour que le concept commence à produire ses effets géopolitiques. Côté britannique, pareillement, il fallut attendre le Brexit pour que l'idée plutôt floue d'une « Global Britain » prenne une tournure résolument « anglosphérique ».

Tony Corn a enseigné les études européennes à l'US Foreign Service Institute (Washington). Il est diplômé de l'US Naval War College.

Dans le jargon diplomatique, le noyau dur de l'Anglosphère a pour nom Canzukus : Canada, Australie, Nouvelle-Zélande, Royaume-Uni, États-Unis. Jusqu'à récemment, la coopération entre ces cinq États s'était concentrée dans le domaine du renseignement (les fameux « Five Eyes »). Sur le plan militaire, seules deux alliances survivaient : l'Anzus (Australie, Nouvelle-Zélande, États-Unis), créée en 1951, et le FPDA (Australie, Nouvelle-Zélande, Royaume-Uni, Malaisie, Singapour), créé en 1971. Mais, à mesure que le centre de gravité du monde se déplace de la zone euro-atlantique vers l'aire indo-pacifique, on assiste à l'émergence d'un Occident élargi au sein duquel l'Anglosphère, par la multiplication d'alliances « modulaires », acquiert un poids toujours croissant au détriment de la vieille Europe.

En 2017, la création d'un Quad indo-pacifique (États-Unis, Australie, Inde, Japon) a été suivie, quatre ans plus tard, par la mise en place de l'Aukus (Australie, Royaume-Uni, États-Unis) – une alliance à laquelle le Canada et la Nouvelle-Zélande ont naturellement vocation à s'agréger (2). En 2022, l'Alliance atlantique elle-même s'est « anglobalisée ». L'adoption d'un nouveau concept stratégique identifiant la Chine comme un « défi stratégique » a en effet conduit à la création d'un nouveau forum de coopération entre l'Otan et quatre partenaires de l'Asie-Pacifique, le Nato-AP4 (Australie, Nouvelle-Zélande, Japon, Corée du Sud).

« L'Europe » dans tout cela ? Depuis 2017, les États-Unis soutiennent activement l'Initiative des trois mers (*Three Seas Initiative*, TSI) – un club constitué de douze États situés entre la Baltique, l'Adriatique et la mer Noire, et qui n'a aucune intention de se laisser dominer par on ne sait quel « couple franco-allemand » (3). Parallèlement, depuis le Brexit, le Royaume-Uni s'est lancé dans un activisme diplomatico-militaire intense en direction des mondes balto-scandinave et polono-ukrainien (4). Depuis le début de l'intervention russe en Ukraine, l'action de l'Otan, pour l'essentiel, a été pilotée par un directoire à quatre informel : États-Unis, Royaume-Uni, Pologne, Roumanie. Quant à la stratégie future de l'« Occident » à l'égard de l'Arctique, il y a fort à parier qu'elle sera pilotée principalement par un autre club informel, le club ABC de l'Otan (America, Britain, Canada).

En France, rares sont les observateurs à avoir pris conscience du fait que, derrière l'épais rideau de fumée médiatique sur la guerre russo-ukrainienne, on assiste en coulisses à une reprise en main de la destinée de l'Europe par Washington et Londres (5). À court terme, il s'agit de faciliter le transfert du centre de gravité du Vieux Continent de l'Europe carolingienne vers l'Europe jagellonnienne ; à plus long terme, l'objectif pourrait bien être de dissoudre l'Union européenne dans une Otan globale pilotée de manière informelle par l'Anglosphère.

Après tout, pourquoi pas ? Sur les plans démographique, économique, militaire et diplomatique, l'Europe post-Brexit n'a désormais plus la « taille critique » pour pouvoir jouer un rôle dans la cour des grands. Et une dissolution maîtrisée est préférable à une hypothétique désintégration non contrôlée. Une chose est sûre : les décideurs français auraient tout intérêt à intégrer le concept d'Anglosphère dans leur logiciel. D'où ce petit aide-mémoire.

De la *Greater Britain* à l'Anglosphère

L'anglobalisation du monde ne date pas des trente dernières années. Symboliquement, on fait généralement remonter la notion d'Anglosphère à la publication de *Greater Britain* de Charles Wentworth Dilke en 1868. La même année, dans *La France nouvelle*, Anatole Prévost-Paradol avertit ses compatriotes :

> « Prenez donc la carte de notre globe… et demandez-vous quelle est, dans ce développement de nouveaux empires, la part de la France. Deux puissances rivales, mais qui n'en font qu'une au point de vue de la race, de la langue, des mœurs et des lois, l'Angleterre et les États-Unis, dominent, l'Europe exceptée, sur tout le reste de cette planète… Comment ne pas nous rappeler, devant un tel spectacle, qu'on pouvait se demander jadis si notre race et notre langue ne l'emporteraient pas sur

> toutes les autres et si ce n'était pas la *forme française* que la civilisation européenne emprunterait pour envahir le reste du monde?... Aujourd'hui, même un livre écrit en anglais est lu par infiniment plus d'êtres humains que s'il était écrit dans notre langue... (6) »

Une génération plus tard, Edmond Demolins publie un livre au titre tonitruant, *À quoi tient la supériorité des Anglo-Saxons?*, qui sera rapidement traduit en dix-sept langues:

> « L'Anglo-Saxon nous a supplantés dans l'Amérique du Nord, que nous occupions depuis le Canada jusqu'à la Louisiane... Le monde anglo-saxon est aujourd'hui à la tête de la civilisation la plus active, la plus progressive, la plus débordante... Mais il ne suffit pas de signaler cette supériorité, de la "dénoncer" du haut de la tribune ou dans la presse, de montrer le poing à l'Anglais, comme pourraient le faire de vieilles femmes en colère. Il faut regarder la situation en hommes qui veulent s'y égaler... Il s'agit en effet de savoir quel est le secret de cette prodigieuse puissance d'expansion, de cette extraordinaire puissance de civilisation, et quels sont les moyens d'y atteindre. (7) »

À la différence de bien des auteurs anglo-saxons, Demolins offre une explication culturaliste, plutôt que racialiste, de cette supériorité: en dernière instance, le « secret » des Anglo-Saxons tient à un système d'éducation qui produit des entrepreneurs nomades, alors que le système français ne forme que des fonctionnaires sédentaires. Le fondateur de l'École des Roches ne fut pas écouté par les autorités françaises, si bien qu'à l'inverse de la *Greater Britain*, la Plus Grande France (un concept forgé sur le modèle anglais) ne devint jamais une colonie de peuplement. Comme devait le constater Alain Peyrefitte dans *Le Mal français*, l'expansion démographique britannique dans le monde aura été trente fois supérieure à celle de la France (8).

À l'inverse de la Plus Grande France, *Greater Britain* existe donc toujours, sous la forme de quatre royaumes (*realms*) : Royaume-Uni, Canada, Australie, Nouvelle-Zélande (9). À court terme, il n'est pas impossible que les trois derniers deviennent des républiques. Peu importe. À long terme, la logique géopolitique ne peut manquer de conduire les quatre pays membres de Canzuk à renforcer leur coopération avec le grand frère américain (10).

Au sens étroit du terme (Canzukus), l'Anglosphère a désormais une population de 473 millions d'habitants, un PIB supérieur d'un tiers à celui de l'Europe, et un budget de défense quatre fois supérieur à celui de l'Union européenne. Au sens large du terme (incluant l'Inde et les autres pays du Commonwealth), l'Anglosphère est bien évidemment un ensemble plus important que l'« Occident » au sens traditionnel du terme.

Une idée française : l'Alliance atlantique

Paradoxalement, l'idée d'une Alliance atlantique fut à l'origine une *idée française*. C'est en 1917 que le ministre du Commerce de Clemenceau, Étienne Clémentel, et son éminence grise l'historien Henri Hauser élaborèrent l'idée d'une Alliance atlantique économique et militaire, pilotée par un directoire à trois (États-Unis, Royaume-Uni, France), et faisant pendant au projet de Mitteleuropa alors concocté par Berlin et Vienne (11). L'histoire en décida autrement, et il fallut attendre une génération pour que le projet voie le jour en 1949. Dès l'année suivante, Georges Bidault tente de réactiver l'idée d'un directoire à trois sous la forme d'un Haut Conseil atlantique chapeautant à la fois l'Otan et l'OCDE (deux organisations ayant alors leur siège à Paris) ; mais la même année, avec l'adoption de la Communauté européenne du charbon et de l'acier (CECA) de Monnet, la France détourne ses regards du grand large pour se replier vers ce que l'on appelle alors la « Petite Europe ».

En 1958, c'est au tour du général de Gaulle de reprendre le projet d'un directoire à trois, cette fois dans le cadre d'une « Otan globale ».

Contrairement à une légende tenace en France, Washington était en fait intéressé par le projet – pour une raison paradoxale : les Américains jugeaient en effet que, depuis le fiasco de Suez, les Britanniques, à force de vouloir se rapprocher à tout prix de Washington, étaient devenus un peu trop « collants », et qu'un directoire à trois permettrait de les tenir à la même distance que les Français. Les négociations entre Paris et Washington se poursuivirent pendant quatre années, de Gaulle repoussant systématiquement toutes les propositions américaines, sans pour autant faire des contre-propositions. Les Américains finirent par jeter l'éponge lorsqu'ils acquirent la conviction que de Gaulle, obsédé par le « rang », s'intéressait moins aux modalités concrètes d'action collective qu'à une *officialisation* de ce directoire auquel Washington, soucieux de ne pas s'aliéner l'Allemagne, voulait conserver un caractère *informel* (12).

Durant la guerre froide, les élites françaises ont eu tendance à prendre pour argent comptant les déclarations (émanant toujours de Londres, jamais de Washington) concernant l'existence d'une *special relationship* anglo-américaine. Plus réalistes, les Allemands se contentaient d'ironiser : « La *special relationship* est tellement *special* qu'il n'y a que les Britanniques qui en connaissent l'existence. » De fait, si les gaullistes s'étaient donné la peine d'apprendre l'anglais, ils auraient découvert une abondante littérature montrant que, depuis 1945, la Grande-Bretagne a été traitée par l'Oncle Sam avec aussi peu de ménagement que la France (13). Simplement, là où les Français ne manquaient pas de monter en épingle le moindre différend, les Britanniques préféraient laver le linge sale en famille.

Au lendemain de la chute du mur de Berlin, les élites françaises s'entichèrent pour un « narratif » franco-français sans équivalent dans le reste du monde : loin de marquer la « fin de l'histoire », prophétisait Michel Albert, la fin de la guerre froide entre capitalisme et communisme marque en fait le début d'une nouvelle guerre froide, à l'intérieur même du monde capitaliste, entre un « modèle rhénan » et un « modèle néo-américain » (14). Devenu la bible de l'« énarchie », le manifeste de Michel Albert marqua le début d'une géopolitique de Gribouille : par peur d'être mouillée par la pluie de l'« anglobalisation », la France choisit de se jeter tête baissée dans le fleuve « rhénan ». Et tandis qu'à Paris on s'évertuait en vain à créer une Europe-puissance dans le monde, les Allemands, plus réalistes, s'employaient à créer une Allemagne-puissance en Europe. Trente ans plus tard, de la Russie à l'Australie en passant par la Turquie et le Mali, la perception que la France n'est guère plus qu'un appendice de l'Allemagne est la principale raison de la perte de crédibilité de la diplomatie française.

Hors de France, l'idée d'une possible désintégration de l'Union européenne n'est plus un sujet tabou depuis le Brexit (15). D'où le retour, à Washington comme à Varsovie, de l'idée d'une fédération Intermarium s'étendant de la Baltique à la mer Noire. De Czartoryski à Pilsudski, le rêve d'une renaissance de l'Europe jagellonienne n'a jamais disparu en Pologne et, à la faveur de la guerre ukrainienne, il est aujourd'hui plus vivace que jamais. Outre-Atlantique, tout au long du XXe siècle, l'idée d'« Intermarium » fit pareillement l'objet d'une multitude de rapports et de projets au département d'État, au Pentagone et à la CIA (16). Autant dire que les élites françaises auraient tout intérêt à intégrer à leur logiciel les concepts d'Intermarium et d'Anglosphère pour penser le futur de l'Europe.

L'Anglosphère, mode d'emploi

Depuis trente ans, plus elle s'aligne sur l'Allemagne, plus la France tente de masquer cet alignement en multipliant les coups de menton à l'égard des « Anglo-Saxons ». Récemment encore, pour faire oublier sans doute que le traité d'Aix-la-Chapelle de 2019 ne contient que des concessions françaises, Emmanuel Macron a cru bon – à l'occasion du 70e anniversaire de l'Alliance atlantique ! – de parler d'« une mort cérébrale de l'Otan ». Et depuis le référendum de 2016, Paris, à l'inverse de Berlin, n'a cessé d'adopter une attitude punitive à l'égard de Londres. Nul besoin d'avoir fait l'ENA pour comprendre que « pour toute action il y a une réaction ». L'attitude de la France à l'égard de Washington et de Londres depuis 2017 n'a pas peu contribué à ce que l'Anglosphère, en 2021, lui balance un mémorable coup de pied Aukus (17). Lors de cette tragi-comédie, Walter Russell Mead, un porte-parole officieux de l'*establishment* ayant pour mission de dire tout haut (et brutalement) ce que Washington pense tout bas, déclara à un quotidien français :

> « La France a perdu le contrôle de la Méditerranée, se retire du Mali, et elle propose de nous aider à gérer l'Indo-Pacifique ?... Je comprends que vous avez là-bas 2,7 millions de citoyens et une zone maritime importante, ces intérêts sont légitimes. Mais l'idée que cette présence fait de la France un "exportateur de sécurité" dans l'Indo-Pacifique est peu convaincante. Tahiti sera française tant que les Américains et les Japonais pourront contenir la Chine dans sa partie du Pacifique. Soutenir cette alliance diplomatiquement est le principal moyen de défendre Tahiti. (18) »

En réalité, en 2019, l'Indo-Pacific Strategy Report du Pentagone avait clairement identifié la France comme un « allié clé ». Entre-temps, la bouffonnerie des *trois* référendums en Nouvelle-Calédonie, et l'abandon du deuxième porte-avions par Paris ont conduit l'Anglosphère à penser que les *Frenchies* avaient renoncé à leur ambition. Mais les propos acerbes de Mead ont le mérite de nous rappeler que les pays membres de l'Anglosphère partagent non seulement la même langue et la même culture du renseignement, mais aussi les mêmes cartes mentales (*mental maps*) et les mêmes critères d'évaluation de la puissance. Le XXIe siècle est le siècle de la maritimité, et il y a une manière *maritime* de penser le monde que les décideurs français, à l'exception du grand Colbert, n'ont jamais maîtrisée (19). L'*espace* maritime est une chose, la *puissance* maritime en est une autre. Pour être pris au sérieux par l'Anglosphère, la France devra impérativement acquérir une « permanence à la mer » (soit, concrètement, deux porte-avions au minimum). À défaut, la France ne sera pas perçue comme un acteur à part entière et à plein temps, mais comme un simple figurant (20).

La France va-t-elle continuer de s'aligner sur l'Allemagne, ou va-t-elle se tourner vers l'Anglosphère ? La réponse dépendra en partie de l'attitude de l'Allemagne elle-même qui, chaque fois qu'elle a eu à choisir entre Paris et Washington, a toujours choisi Washington dans le passé. À tout le moins, si la France veut retrouver une capacité de manœuvre (*leverage*) à l'égard de l'Allemagne, elle devra rappeler à ses voisins d'outre-Rhin qu'elle est une puissance amphibie, et qu'à ce titre elle a d'autres options que de se dissoudre dans une Mitteleuropa. Autre question d'importance : jusqu'à quel point l'Otan doit-elle s'impliquer dans la guerre économique ? La dimension économique de l'Alliance est mentionnée dès l'article 2 du traité de 1949 (soit bien avant le fameux article 5). Faut-il aller plus loin et réactiver, sous une forme adaptée, le projet Clémentel ou le projet Bidault – voire muscler l'Otan en lui ajoutant un « article 5 économique » (21) ?

Une chose est sûre : pendant des décennies, les élites françaises ont surestimé l'étroitesse des relations anglo-américaines ; il ne faudrait pas qu'elles tombent aujourd'hui dans le travers inverse, et sous-estiment l'importance croissante d'une Anglosphère devenue désormais le noyau dur d'un Occident élargi. La porte reste ouverte à la France et, comme le dit un vieux proverbe anglo-saxon : *if you can't beat them, join them…*

1. Trois ans plus tôt, l'ouvrage de James C. Bennett *The Anglosphere Challenge* était passé inaperçu à Washington. Le thème de l'Anglosphère n'a véritablement émergé qu'à la faveur d'un débat plus général sur la globalisation de l'Otan. Voir, entre autres, Ivo Daalder et James Goldgeier, « Global NATO », *Foreign Affairs*, septembre-octobre 2006, Tony Corn, « The Revolution in Transatlantic Affairs: Perils and Promises of a Global NATO », *Policy Review*, août 2007.
2. Steve Raaymakers, « Why is Canada Missing from the Indo-Pacific? », *The Diplomat*, 25 octobre 2021 ; Geoffrey Miller, « AUKUS Door Held Ajar for New Zealand », *The Diplomat*, 16 août 2022.
3. Tony Corn, « Donald Trump et le retour de l'Histoire », *Le Débat*, janvier-février 2018.
4. Eoin Drea, « The Anglosphere Is Saving Ukraine While the EU Is Saving Itself », *Politico*, 9 mai 2022.
5. Thierry de Montbrial, « Les États-Unis ont repris en main la destinée de l'Europe », *La Croix*, 8 septembre 2022.
6. Anatole Prévost-Paradol, *La France nouvelle*, Michel Lévy Frères, 1868, p. 396-398.
7. Edmond Demolins, *À quoi tient la supériorité des Anglo-Saxons ?*, Librairie de Paris, 1897, p. I-IV.
8. « Trois siècles après la mort de Richelieu, les 20 millions de Français de souche n'étaient encore devenus que 45 millions. Alors que les 4,5 millions de compatriotes de Cromwell ont donné naissance à des communautés anglo-saxonnes dont le total avoisinait 275 millions. Notre expansion démographique a été trente fois inférieure à celle des Britanniques. » Alain Peyrefitte, *Le Mal français*, Plon, 1976, p. 115.
9. Peter Boyce, *The Queen's Other Realms: the Crown and Its Legacy in Australia, Canada and New Zealand*, Federation Press, 2009 ; Michael Kenny et Nick Pearce, *Shadows of Empire: the Anglosphere in British Politics*, Polity, 2018. Pour une vision anglo-saxonne de la Plus Grande France, voir Robert Aldrich, *Greater France: a History of French Overseas Expansion*, Palgrave, 1996.
10. Niall Ferguson, « The Future of the Anglosphere », *Oxford*, 18 octobre 2021.
11. Peter Jackson, *Beyond the Balance of Power: France and the Politics of National Security in the Era of the First World War*, Cambridge University Press, 2013 ; Tony Corn, « L'étrange défaite de Clemenceau : aux origines des malentendus transatlantiques », *Academia.edu*, juin 2021.
12. Sebastian Reyn, *Atlantis Lost: the American Experience with De Gaulle, 1958-1969*, Amsterdam

University Press, 2010 ; Tony Corn, « L'âge des directoires et l'avenir de la France », *Le Débat*, septembre-octobre 2014.
13. Tony Corn, « Vers un nouveau concert atlantique », *Le Débat*, mars-avril 2017.
14. Michel Albert, *Capitalisme contre capitalisme*, Seuil, 1991. Trente ans plus tard, un sondage effectué dans onze pays occidentaux montre que pour 60 % des sondés, l'Allemagne est le pays le plus influent en Europe, contre 19 % pour le Royaume-Uni, et seulement 7 % pour la France. *Transatlantic Trends*, German Marshall Fund, juin 2021.
15. Tony Corn, « Finis Austriae, Finis Europae ? L'Europe post-Brexit et le syndrome austro-hongrois », *Academia.edu*, mars 2020.
16. Jonathan Levy, *The Intermarium: Wilson, Madison, & East Central European Federalism*, Dissertation.com, 2007. Parmi les projets actuels inspirés par Washington, voir Anders Fogh Rasmussen et Andriy Yermak, *The Kyiv Security Compact*, Working Group on International Security Guarantees for Ukraine, septembre 2022, et Gustav Gressel, *In Europe's Defence: Why the EU Needs a Security Compact with Ukraine*, ECFR, septembre 2022.
17. Daniel Hannan, « France Is Not a Reliable Partner to the English-speaking Defenders of Freedom », *The Telegraph*, 18 septembre 2021. Lord Hannan est l'un des principaux promoteurs de l'Anglosphère, et l'auteur de *Inventing Freedom: How the English-speaking Peoples Made the Modern World*, Broadside Books, 2013.
18. Walter Russell Mead, « Le postulat des Américains est que ce sont les Allemands qui gèrent l'Europe », *Le Figaro*, 28 octobre 2021.
19. Tony Corn, « Global Colbert », *Le Débat*, mai-août 2019.
20. Tony Corn, « A Global France? Macron's Indo-Pacific Pivot », *Briefings for Britain*, octobre 2020.
21. Bruce Stokes, « The World Needs an Economic NATO », *Foreign Policy*, 17 mai 2022. On notera que Bruce Stokes est, à la ville, l'époux de l'actuelle numéro deux du département d'État (Wendy Sherman).

CRITIQUES

LIVRES

Comment évaluer le prix d'un homme ?

› Patrick Kéchichian

Dans certaines périodes troublées, l'intimité n'appartient plus aux personnes, aux familles. Elle est balayée par les tempêtes de l'histoire, celle des peuples, des nations. Les destins individuels sont alors happés par un destin collectif et anonyme, par les grandes marées politiques. Les noms, les visages, s'effacent. Dans les meilleurs des cas, ils seront retrouvés des années plus tard et dûment répertoriés grâce au travail de mémoire des historiens. Car cette intimité des personnes, cette vie singulière et invisible des familles, en telle ou telle période, existent bien, et souvent tragiquement. La comptabilité des victimes, des morts, ne peut ni ne doit l'occulter. Le récit de Sonia Devillers s'inscrit, d'une manière bouleversante, dans ce rappel nécessaire de la mémoire : rendre à quelques personnes disparues leurs noms, leurs visages, leurs histoires (1). Une lignée retrouve sa place, une famille sa réalité. Un long chemin de malheurs et de souffrances est tracé, avec chacune de ses étapes. Loin de toute volonté d'héroïser les protagonistes.

Dans la douloureuse histoire des juifs de Roumanie, il y a donc celle d'une famille, parmi beaucoup d'autres… Harry et Gabriela Deleanu, leurs deux filles, Lena et Marina (née en 1947 et mère de Sonia Devillers), et la mère de Gabriela, Roza, débarquent à Paris le 19 décembre 1961. Là, l'histoire est comme coupée en deux. Avant, c'était une vie suspendue, une menace permanente. Dans la capitale française, même si la vie est difficile, précaire, le danger immédiat a disparu, tout est apaisé, ou presque… Car le passé demeure, insiste, même tu, par crainte ou pudeur des protagonistes évoqués avec une affection qui n'entame nullement la lucidité. C'est pour rétablir une continuité, une généalogie au sens fort du mot, que Sonia Devillers, née aux Lilas quatorze ans après cet exil, a pris la plume et, avant cela, a conduit de longues recherches. Une remarque, qui ne me semble pas secondaire : la manière de raconter, de construire ce type de récit importe, au-delà des considérations formelles ou esthétiques. Pour être bien entendu, il faut trouver le ton, parler justement. Et cela s'entend dès les premières pages du livre.

Ce n'est pas le lieu, ici, de reprendre dans le détail l'histoire mouvementée des juifs de Roumanie, dans laquelle s'inscrit si douloureusement celle de la famille de Sonia Devillers. Deux éléments sont à souligner, sur lesquels l'ensemble du récit s'articule. D'abord, le passage du fascisme au communisme, avec ses très violents épisodes. En 1944, les Soviétiques occupent une partie de la Roumanie. Trois ans plus tard, les communistes roumains prennent le pouvoir, qu'ils garderont jusqu'en 1989. Dès lors, « le contrôle du récit national et de la mémoire » est repris en main par le régime, « jusqu'à faire peu à peu oublier la Shoah en Roumanie, jusqu'à la dissoudre dans une vaste torsion mémorielle ». À la Roumanie fasciste, cette « immense usine antisémite », dont parlait l'écrivain Mihail Sebastian dans son bouleversant *Journal*, souvent cité par l'auteur (2), succède un pays dont le régime exerce une autre forme, plus insidieuse, d'antisémitisme. « Sous prétexte de prendre le contrepied de la littérature et de la presse d'avant-guerre, obsédée par le péril juif, le Parti refusa de nommer les juifs pour ne pas les stigmatiser. Mais ce faisant, il finit par les effacer. » « Bourgeois cosmopolites » est une appellation qui passe bien, qui généralise au lieu de désigner. Le tour est joué. Harry et Gabriela n'ont jamais fait de leur identité juive une question vitale. Et d'ailleurs, ils ne sont en rien des opposants au régime communiste. Il n'empêche, ils seront bien visés et menacés, en tant que juifs.

Le second élément, largement ignoré, plus sombrement spectaculaire, explique le titre du livre. À la fin des années cinquante, et durant plusieurs années, un hideux commerce se mit en place, entre les autorités roumaines, et les autres pays, un « troc d'État ». Il s'agissait d'échanger des juifs, et de les laisser quitter le pays, contre du bétail, des veaux, des poulets, des cochons, pour dynamiser une économie exsangue… Un passeur, « à la fois bienfaiteur et affairiste », Henry Jacober, juif lui-même, concentre (on peut le comprendre !) l'attention de Sonia Devillers. C'est lui qui organise et planifie, depuis son palace londonien, ce commerce d'êtres humains. Des documents, des listes, cités par l'auteur, en attestent. Des hommes, des femmes, des enfants sont alors sauvés. Mais à quel prix ?

1. Sonia Devillers, *Les Exportés*, Flammarion, 2022.
2. Mihail Sebastian, *Journal, 1935-1944*, Stock, 1998. Rappelons à ce propos le beau livre de Pierre Pachet, *Conversations à Jassy*, Maurice Nadeau, 1997, et Denoël, 2010.

LIVRES

La nostalgie, ou l'invention d'une maladie

› Michel Delon

Nous savons bien que des maladies nouvelles surviennent, que d'autres s'éloignent. Parfois c'est un nom seul qui apparaît pour recouvrir des symptômes qui relèveront plus tard d'une autre catégorie. Ainsi, en 1688, Johannes Hofer, un médecin alsacien, soutient à Bâle sa thèse de doctorat, en latin comme il se doit, *Dissertatio medica de nostalgia, oder Heimwehe*. Il a créé un néologisme sur les racines grecques de *nostos* (le retour) et d'*algos* (la douleur). La thèse a été republiée plusieurs fois au cours du XVIIIe siècle et le mot est resté. Une maladie était née, souvent considérée comme une pathologie professionnelle des militaires. Deux siècles plus tard est recensé le dernier cas mortel dans l'armée française où le diagnostic se complique de ce que nous appellerions aujourd'hui une comorbidité. Catégorie médicale jusque-là, la nostalgie change alors doublement de statut. Elle passe des traités scientifiques à la poésie et à la langue courante, et désigne moins le besoin de revenir vers un paysage familier que la tristesse de ne pouvoir retrouver un passé définitivement perdu. Spécialiste d'histoire militaire, Thomas Dodman raconte ces deux siècles de débats pour comprendre l'origine du mal et ses thérapies (1). Les Allemands et les Suisses alémaniques avaient déjà le terme *Heimweh*, d'autant plus que les petits États et cantons germanophones fournissaient aux grandes monarchies des régiments entiers. Les soldats y souffraient de dépaysement et les Suisses qui entendaient le *ranz des vaches*, la chanson des transhumances, étaient soudain tentés, dit-on, par la désertion ou le suicide. L'*Encyclopédie* de Diderot comporte un étonnant article « Hemvé », qui est la francisation de *Heimweh*, ou maladie du pays, « ce violent désir de retourner chez soi » qui s'expliquerait par le changement de climat. Il faut attendre le *Supplément à l'Encyclopédie* pour y trouver en 1777 un article « Nostalgie » qui écarte l'origine climatique au profit d'une explication morale : « C'est une mélancolie causée par le vif désir de revoir ses parents, et par l'ennui d'être avec des étrangers que nous n'aimons pas, et qui n'ont pas pour nous cette vive affection que nous avons éprouvée de la part de notre famille. » Au début du XIXe siècle, les thèses se multiplient sur ce mal nouveau d'autant plus que les étudiants font le plus souvent leur médecine loin de leur ville natale. Ils deviennent la matière de leurs observations et parfois se désignent par des initiales parmi les cas décrits.

On sait le succès médical de la mélancolie aux XVIe et XVIIe siècles dans le déchirement de la chrétienté et l'explosion du monde connu, parmi les procès de sorcellerie et la hantise des possessions. Il est permis de supposer une réussite similaire de la nostalgie à la fin du XVIIIe et au début du XIXe siècle sur un continent bouleversé par la Révolution et les guerres napoléoniennes. La mobilité s'accroît, les armées deviennent nationales, les mercenaires sont remplacés par des soldats-citoyens, fragilisés par l'arrachement à leur petite patrie au nom d'une Patrie qui reste parfois abstraite. Les chirurgiens militaires, dans leur ancienne rivalité avec les médecins, s'attachent à cette maladie qu'ils estiment de leur compétence et dont ils assument le traitement moral. Ils revendiquent le droit de prescrire des congés qui semblent souvent la seule façon d'enrayer un mal à l'issue fatale lorsqu'il se complique d'affections pulmonaires et autres. L'armée de la République « une et indivisible » doit-elle brasser les origines ou bien éviter le dépaysement aux jeunes recrues qui ne parlent que leur langue locale ? La question prend une nouvelle dimension dans les armées napoléoniennes qui vont bientôt recruter de force des soldats hollandais et italiens, allemands et polonais. Ne vaut-il pas mieux maintenir des régiments régionaux avec leurs spécificités culturelles et un commandement qui se fait entendre dans la langue parlée par les soldats ?

La nostalgie est parfois une façon de résister à la conscription obligatoire et à l'idéal républicain ; mais quand la Restauration met à pied les « demi-soldes », la nostalgie change de camp. Elle n'est plus tant géographique que temporelle. Tandis que les aristocrates émigrés sont de retour, les grognards et autres éclopés de la Grande Armée ressassent leurs souvenirs d'une fraternité toute républicaine. Ils entretiennent le culte du Grand Homme qui les a menés sur les champs de bataille. La nostalgie dérange également la volonté coloniale de la France qui entend rivaliser avec l'Angleterre et peupler ses territoires outre-mer. De la Monarchie de Juillet au Second Empire et à la IIIe République, on prétend franciser l'Algérie, mais la résistance des autochtones, les maladies, l'absence de structures d'accueil déciment les volontaires à l'expatriation. Les jardins d'acclimatation sont créés pour évaluer la possibilité d'acclimater les plantes et les animaux exotiques en France tandis qu'on tente d'exporter l'élevage et les cultures françaises. Mais qu'en est-il de l'acclimatement des humains ? Les tenants de l'ordre proposent de transformer les prolétaires en propriétaires, en expédiant les émeutiers et les chômeurs de l'autre côté de la Méditerranée. On revient aussi à l'idée d'un peuplement régional : la Bretagne pourrait fournir ses pauvres et l'Alsace-Lorraine après 1871 ceux qui ne veulent pas devenir allemands. Faut-il encourager le « croisement des races » ou au contraire craindre la dissolution de l'esprit national ? La plupart de nos débats sur l'identité et la mobilité sont déjà présents, mais la nostalgie a aujourd'hui laissé place à la névrose, à la neurasthénie, à la dépression, au stress post-traumatique ou au *burn-out*. Et la mélancolie des expatriés à la « nostalgérie » des rapatriés. Il reste encore aux poètes « la nostalgie de pays et de bonheurs inconnus » (*Petits Poèmes en prose*), « la nostalgie d'impossibles voyages dans le temps » (*Du côté de chez Swann*).

1. Thomas Dodman, *Nostalgie. Histoire d'une émotion mortelle*, traduit par Alexandre Pateau, Marc Saint-Upéry et Johanna Blayac, Seuil, 2022.

LIVRES

La Russie prophétique de Sorokine

› Frédéric Verger

Vladimir Sorokine, le meilleur romancier russe contemporain, se retrouve, à 67 ans, dans la peau d'un émigré. La guerre a transformé la distance qu'il avait prise avec son pays (il réside actuellement en Allemagne) en exil. Ironie amère, l'auteur dont les fables présentent l'histoire russe comme une horreur parodique est forcé par la réalisation de sa prophétie à endosser un rôle traditionnel de cette histoire : l'écrivain qui ne reverra peut-être jamais son pays natal. La parodie n'est pas ici futile ou comique mais la figure essentielle d'une crise de civilisation où le passé revient comme cauchemar grotesque. Que l'horreur soit mêlée de grotesque ne fait qu'ajouter à son atrocité puisqu'elle lui retire la noblesse de la tragédie.

Ce thème n'apparaît peut-être jamais aussi clairement dans son œuvre que dans un court roman paru en 2006, *Journée d'un opritchnik*. L'auteur de cet article confesse qu'en lisant ce livre il y a quelques années il en avait admiré l'art et l'imagination mais trouvé la fable politique outrée, ne servant que de prétexte imaginaire à l'invention du romancier. Ce n'est qu'aujourd'hui qu'on voit à quel point cette fable, dans son délire même, décrivait non seulement un processus politique, mais l'apparition d'un certain type d'imaginaire moderne, une sorte de néofascisme peut-être appelé à se développer ailleurs qu'en Russie, et que caractérise un rapport délirant et grotesque au passé.

Le roman raconte la journée d'un membre d'une milice de choc (l'opritchina, parodie de celle d'Ivan le Terrible) au service du dictateur d'une Russie d'anticipation dystopique, où l'archaïque se mêle à une technologie ultramoderne de conte de fées. Depuis longtemps, une muraille a été construite pour se séparer de l'Occident, désigné comme un grouillement décadent de « cyberpunks », décision solennisée par l'organisation sur la place Rouge d'un *auto da fé* de passeports. L'influence chinoise se fait partout sentir et le mélange bizarre d'admiration et de condescendance raciste avec lesquelles on parle des Chinois n'empêche pas de comprendre qu'ils sont les maîtres véritables de ce pays réduit à un régime cruel et vide, qui recycle de façon nationaliste, terroriste et publicitaire toutes les caractéristiques de la culture russe, gastronomie, féodalisme, religion, poésie et bains de vapeur. Tout au long de cette journée, le héros narrateur participera à l'arrestation violente d'un oligarque déchu, réglera une magouille financière à la frontière chinoise, cherchera à mettre au pas un barde folklorique trop critique, procédera enfin à l'élimination sanglante, à l'instigation du Souverain, de son propre gendre. Entre-temps, de façon plus détendue ou mystique, il sera allé consulter une devineresse chinoise, se sera livré à diverses séances qui tiennent de la salle de gym, de la messe orthodoxe et de l'orgie, et qui visent à renforcer l'esprit de corps de l'opritchina.

Mais l'intérêt du roman tient à ce que le personnage et son monde ne sont pas seulement montrés sous ce jour grotesque et cruel.

Le récit à la première personne fait sentir comment ce grotesque et ce cruel reposent sur des perversions vulgaires de choses nobles ou désirables et sur des pulsions ou fantasmes qui sont peut-être, au-delà du cas russe, celles de l'homme contemporain ordinaire. Car le narrateur est, si l'on veut, un être vulgaire, cruel, abruti, mais aussi agité de vagues mais sincères prétentions métaphysiques, idéalistes. De même il est un narrateur à la fois involontairement comique mais aussi doué d'un certain art de la formulation (celui bien sûr de l'auteur lui-même) qui révèle chez lui, derrière et malgré tout son mauvais goût, un certain talent artistique, une attention sensuelle aux choses et une capacité à les formuler qui le sauve en partie aux yeux du lecteur mais surtout fait sentir que l'ignoble, plutôt que l'antithèse du noble, en est davantage l'imitation grotesque. Comme le disait Nadejda Mandelstam, la véritable barbarie et l'horreur du monde moderne ne résident pas tant dans l'absence totale d'éducation, de culture ou d'idéaux que dans leur caricature : semi-éducation, demi-culture, goinfrerie prétentieuse d'idéaux gigantesques.

Derrière l'invention politique (État autoritaire, coupé de l'Occident, recyclant sur un mode publicitaire les mythes de l'histoire russe, et par ailleurs inféodé à la Chine), le roman met en scène, dans le goût du luxe des opritchniki, et avec une richesse d'évocation extraordinaire tout un monde de sensations. L'opritchina, plus qu'une idéologie, semble une forme de sensualité. Mais une sensualité où la sensation dégénère en confort artificiel, totalement sous contrôle humain, cosmétique, chimique, technique. Et comme dans toute la grande littérature russe, le sensuel est toujours lié au spirituel, cette sensualité vulgaire, artificielle est associée à une parodie de vie spirituelle et religieuse. La cruauté sadique des opritchniki est présentée comme la volupté d'imiter la cruauté du passé. La jouissance de la violence se confond avec le culte de l'ordre, lui-même confondu avec la tradition et le sacré. Mais cette tradition et ce sacré sont réduits à une reproduction cosmétique, parodique du rapport sensuel et spirituel au monde du passé prétechnologique que le régime tente d'imiter. Derrière le fatras réactionnaire qui prétend retrouver les sources de la culture orthodoxe, c'est en réalité la toute-puissance moderne de la technique et l'incapacité à établir un rapport direct au monde qui caractérisent cet univers. Ivan le Terrible « disneyisé ».

Sorokine parle de la Russie contemporaine, c'est-à-dire d'une certaine forme délirante de la modernité qui se présente comme une restauration de la tradition. La modernité toxique de ce monde ne consiste pas dans l'évacuation totale du rapport sensoriel et du rapport spirituel au monde (cela, c'est la caractéristique d'une autre forme délirante de la modernité, qu'avait pressentie Heidegger) mais dans leur reproduction grotesque, parodique, qui les réduit à une sorte d'hédonisme technique.

Vingt ans déjà que Vladimir Sorokine a senti que le poutinisme pouvait être défini comme la jouissance perverse et parodique du passé (c'est d'ailleurs en cela, pulsionnellement plus qu'institutionnellement, qu'il peut être rapproché du fascisme) et que ce qu'il avait de plus terrifiant était justement sa modernité.

1. Vladimir Sorokine, *Journée d'un opritchnik* [2006], traduit par Bernard Kreise, L'Olivier, 2008.

LIVRES

Commencements

› Marin de Viry

C'est parce qu'un beau jour Patrick, charismatique professeur particulier de mathématiques et fondateur d'une revue de poésie, accepte gentiment de lire les écrits d'adolescente de Catherine Millet que celle-ci n'est pas devenue hôtesse de l'air, mais patronne d'*Art Press*, installée au centre de la vie altière de l'art contemporain, et commissaire d'expositions variées. Après l'avoir rencontré, elle attendra parfois Patrick à la terrasse d'un bistrot en mourant de peur qu'il ne vienne pas. S'il avait manqué au rendez-vous, elle aurait senti que quelque chose allait ne pas se passer dans sa vie, qu'un déclic manquerait. À l'époque, elle ne savait pas qualifier ce « quelque chose ». Aujourd'hui, elle sait : c'est Catherine Millet, « signature » de l'art contemporain, dirigeante d'*Art Press*, auteure d'une autobiographie centrée sur sa vie sexuelle qui rencontra il y a vingt ans un grand, voire presque immense, succès. Ce que l'on perçoit à lire ces *Commencements* (1), et que l'on partage, c'est que ni l'auteur ni le lecteur ne comprennent rien au destin, mais qu'il est intéressant de sonder notre ignorance en éclairant le contexte psychologique et social dans lequel il s'est déployé. Le destin, c'est un peu comme une maladie rare : on ne l'explique pas et on sait très mal agir sur lui. Tout démarre à Bois-Colombes, où Catherine Millet est la fille d'un couple qu'on serait autorisé à qualifier de « dysfonctionnel », si on en connaissait au moins un qui soit fonctionnel. Le père et la mère ne s'entendent pas, et c'est la raison pour laquelle leur fille n'a pas hâte de grandir, d'aborder ce statut d'adulte où il s'agit de se battre contre son conjoint autour d'un Frigidaire, quand on n'a pas réussi à découcher. Enfant, elle a une assez bonne tolérance au délitement du couple parental et n'a pas envie de grandir. Adolescente, celle qui trouve sa famille « pas assez bourgeoise » voit dans son lycée ce milieu de passage où une vie intéressante peut lui faire signe. C'était une époque – le début des années soixante – où les lycées émancipaient des insuffisances de sa famille et des préjugés de sa classe sociale, par la réflexion et les amitiés. À tout prendre, c'est mieux qu'un modèle qui trouve vos préjugés formidables, comprend respectueusement la haine qui vous habite, et salue votre vocation d'ennemi de la société. À cette époque, elle discute vraiment, elle lit au hasard, elle se frotte aux idées, même si elle le fait en autodidacte. Elle est aimantée, elle dérive vite vers ce petit milieu artiste auquel elle n'a dans un premier temps à offrir que sa candeur, son ignorance et son absence de moralité sexuelle traditionnelle, mais aussi sa fascination et son désir de s'y épanouir. À partir de là, on comprend que se met en place une sorte de dialectique où, peut-être pour justifier une vie libérée des entraves de la fidélité et de la modération sexuelles, elle s'investit dans son travail. Comme certaines femmes de sa génération, elle échange classiquement de la performance professionnelle contre de la liberté. Point intéressant dans ce récit, à aucun moment on ne sent la domination mâle vis-à-vis de la jeune collaboratrice : une forme de proximité évidente avec les hommes se substitue au rapport de force – peut-être le masque-t-elle. Cette hétérosexualité paritaire a en tout cas quelque chose de très rassurant.

Naturellement, l'autre axe du récit est l'histoire subjective des mouvements de l'art contemporain à la charnière des années soixante et soixante-dix. C'est à la fois passionnant sur le plan historique et déprimant sur le plan intellectuel. Passionnant, parce que les historiens d'art pourront faire leur miel de ce récit qui fourmille de témoignages sur la relation entre les galeristes, les artistes, et le courant des idées. Déprimant, parce qu'on ne trouve rien à quoi raccrocher une compréhension un peu organisée de cette période et des courants qui la traversent. Précisons : une fois que l'on s'est rassuré en révisant sa définition de l'art conceptuel (où l'œuvre, entièrement conçue avant son exécution, est réalisée par un artiste devenu une sorte de médium machinique, neutre comme un outil) ou minimaliste (le fameux et polysémique « *less is more* »), par exemple, et que l'on plonge dans les œuvres particulières, les variations de production sont tellement importantes d'un artiste à l'autre qu'on a beaucoup de mal à les rattacher à leur tronc théorique. Et puis, en art, les grandes natures se détachent, les autres restent rangées dans les improbables taxinomies où la critique les assigne. Rothko était peut-être classé comme un expressionniste abstrait, mais il refusait l'étiquette, et ne voulait pas que ça se sache. Trop grand pour les classificateurs. Catherine Millet, par son témoignage, fait toucher du doigt l'idée que les courants sont des abris dans lesquels les artistes moyens, les originaux ordinaires, trouvent un refuge institutionnel, c'est-à-dire bureaucratique. C'est un peu triste. Plus amusants, et sûrement plus importants, sont les événements qui accompagnent les émergences, notamment les prises de position théoriques, les bagarres intellectuelles, les conflits de revue : c'est là que réside le sel du récit. On recommande notamment la réjouissante apparition de Philippe Sollers, période terroriste, qui charge dans le vide.

Ce récit s'arrête avant que le système de l'art contemporain ne laisse place au régime actuel, dans lequel le ticket d'entrée est tellement élevé qu'il écarte ceux qui ne sont pas hyper-riches. On reste, chez Catherine Millet, dans le registre des années de croissance de la *start-up* sympa ; nous sommes désormais plutôt dans l'ambiance d'un conseil d'administration d'un gros *hedge fund*, où l'on spécule sur la prochaine disruption…

1. Catherine Millet, *Commencements*, Flammarion, 2022.

LIVRES

Maurice Garçon, ou « le furieux tourbillon » d'une vie d'avocat

› Olivier Cariguel

Depuis 1912, six mois après avoir prêté serment au barreau de Paris, le frais émoulu avocat Maurice Garçon jette « des notes au hasard, sans forme, sans retouche, sans rature ». Il écrit tard dans la nuit, quand son travail de plus en plus intense lui octroie ce loisir solitaire. Un soir de mai 1927, devant une des pages des cahiers d'écolier qu'il accumule, il n'a pas froid aux yeux. Plein de doutes quant à l'intérêt de ce qui constitue un journal, il décide de mettre un terme à ses états d'âme : « Que le diable fasse à ces pages le sort qu'elles méritent. » Le sort en est jeté. Le moins que l'on puisse dire est qu'il fut entendu. En 2015 le voilà ressuscité par un livre que personne n'attendait. La publication de son *Journal* inédit, initiée par le tome II couvrant les années de guerre, d'Occupation et la Libération, révéla au public l'un des plus grands avocats de son époque, tiré de l'oubli et des rayonnages poussiéreux de nos bibliothèques grand-paternelles. Accusé en 1941 d'un triple meurtre dont un parricide, Henri Girard, le futur Georges Arnaud qui écrira *Le Salaire de la peur*, lui doit la vie sauve. Philippe Jaenada le remit en mémoire dans son roman abyssal *La Serpe* (Julliard, 2017). Maurice Garçon défendait les intérêts de maisons d'édition et d'écrivains. Et il avait une spécialité, les « procès magiques ». Amateur de livres de sciences occultes, il avait choisi pour *ex-libris* un petit diable souriant. Sa solide réputation au XXe siècle rivalisait voire dépassait celles de César Campinchi, Jacques Isorni, Vincent de Moro-Giafferri, Albert Naud et Henry Torrès. Sauf que ces figures, tombées dans un puits sans fond, n'ont pas été repêchées. Ces ténors n'ont pas eu la bonne fortune d'être découverts par de nouveaux lecteurs qui ignoraient jusque-là le rôle de Maurice Garçon omniprésent dans la vie judiciaire et culturelle française.

Deuxième sur les trois prévus, le premier volume de son *Journal* (1) s'étend sur une période beaucoup plus longue, 1912-1939. C'est d'abord un document historique rempli de portraits et de saynètes sur les milieux judiciaire, artistique et littéraire durant la lente agonie de la IIIe République. Écrites d'un premier jet, exemptes de la moindre correction d'auteur, les pages du *Journal* traversent de fond en comble la société et offrent une fenêtre ouverte sur le monde. Fils d'un éminent professeur de droit qu'il admirait, Maurice Garçon se montre curieux de tout, avide de découvrir le fonctionnement de son pays et de l'Europe quand il prend conscience, de visite en Allemagne, du danger nazi. Il vit « comme un fou », « voit trop de choses, entend trop ». Le temps d'écrire lui manque. L'envers du décor s'affiche sous les yeux du lecteur. Par le biais de ses fréquentations, Maurice Garçon se voit amené à percer des secrets de la IIIe République si riche en scandales politico-financiers. Car il a été « mêlé de combien près aux affaires de corruption parlementaire ». La famille du conseiller à la cour d'appel de Paris Albert Prince, retrouvé mort, les membres épars, sur la voie ferrée Paris-Dijon le 20 février 1934, a fait appel à lui pour trouver la vérité de cette énigme qui est un dommage collatéral de l'affaire Stavisky. Garçon croise à cette occasion l'inspecteur de la Sûreté Pierre Bonny qui lui fait « le plus fâcheux effet » : « On le prendrait assez facilement pour un joli souteneur. » Il deviendra l'un des deux chefs de « la Carlingue », l'officine de truands à la solde des nazis sous l'Occupation.

L'une des nouveautés par rapport au tome II, qui décrivait la réalité des années noires presque au jour le jour, est un art du portrait de nombreuses personnalités politiques et littéraires de l'entre-deux-guerres. Ces longues séquences sont extrêmement informées, drôles, cinglantes, toujours captivantes. Il y a des histoires étonnantes à foison, comme la mort maquillée d'Antonin Dubost, « président du Sénat et lointain candidat à la présidence de la République », dans un petit bordel de la rue de Martyrs à Paris. Il expose tous les dessous du maquillage des circonstances du décès. La panique règne à tous les étages de la République. Est-ce une comédie de boulevard ? mais non. Autre portrait stupéfiant, celui du médecin légiste Charles Paul, un intrigant, qui contrôla toutes les expertises médico-légales de l'entre-deux-guerres. Il bâclait ses autopsies, au prix d'erreurs monumentales. Dépourvu de la moindre science réelle, il se revendiquait comme un praticien et se définissait en blaguant comme « un danseur de corde ». Les portraits que dresse Maurice Garçon, qui recoupe systématiquement les informations qu'il examine avec soin, se lisent comme des micronouvelles. Généralement les individus n'en sortent pas grandis. Très sollicité, il fait aussi la connaissance de Georges Simenon venu le consulter à son cabinet pour une question de contrat d'auteur. « Un curieux type », à l'imagination débordante qui s'égare en tirant des conclusions hâtives et farfelues sur la mort du conseiller Prince. Verdict : « Une demi-heure avec lui m'a laissé confondu. »

Réputé expert ès diableries, Maurice Garçon reçoit et défend une foule d'individus étranges. Le tome II contient une belle galerie de ces spécimens. Pourquoi ? « Les choses de l'occulte m'attirent car c'est là qu'on mesure le mieux l'incroyable sottise des hommes. » À lire tout particulièrement l'année 1925. Le psychiatre Jean Vinchon avec lequel il cosignera un essai sur le diable le convie à rencontrer pendant deux heures une démoniaque. Par sa bouche, Satan communique avec l'assistance. Encore plus déroutant, le récit de ses observations d'un « satanique bien curieux », père de trois enfants, qui invoque le diable dans un coin discret du bois de Vincennes, près d'une pyramide. Caché à l'insu du malheureux lors de ces cérémonies nocturnes, il souffle un soir dans un cornet à plusieurs reprises. L'homme saisi par le son y voit un signe du diable. Le lendemain, il raconte à Maurice Garçon, resté coi évidemment, le signal supposément émis par Satan.

Tableau vivant d'une IIIe République déliquescente, le deuxième tome du *Journal* de Maurice Garçon est un témoignage exceptionnel de vérité alliant le tragique et le comique sur les hommes et le monde comme il va.

1. Maurice Garçon, *Journal, 1912-1939*, édition établie, présentée et annotée par Pascal Fouché et Pascale Froment, Les Belles Lettres-Fayard, 2022. Le premier volume, *Journal, 1939-1945*, est paru aux Belles Lettres en 2015, puis en poche dans la collection « Tempus » aux éditions Perrin en 2017.

LIVRES

L'art de la guerre selon Witold Gombrowicz

› Mikaël Gómez Guthart

La vie et l'œuvre de Witold Gombrowicz (1904-1969), le plus argentin des auteurs polonais (ou le plus polonais des auteurs argentins, selon certains), sont aisément compartimentables en trois grands blocs, ou tiroirs, successifs. Tout d'abord, il faut évoquer ses débuts littéraires laborieux dans la Pologne d'avant-guerre avec la publication de *Ferdydurke*, son premier roman. Puis son exil improvisé en Argentine. Celui-ci, long de près de vingt-cinq ans, sera sa période la plus productive puisqu'il y écrira la majeure partie de son œuvre (à savoir *Le Mariage*, *Trans-Atlantique*, *La Pornographie* et une bonne partie de son fameux *Journal* dont il confesse en fin de volume qu'il a largement été inspiré par celui d'André Gide). Enfin, en 1963, sur l'invitation inespérée de la richissime Fondation Ford, son retour tonitruant en Europe pour en découdre, notamment, avec « Paris et les structuralistes ». Cette histoire voire ces batailles sont largement documentées et commentées. L'intérêt de ce très beau volume publié chez Christian Bourgois (1) se situe bien ailleurs. J'entends déjà, ici et là, quelques voix bougonnes le qualifier de livre de « fonds de tiroir » . Pourquoi pas. La question, en menuiserie comme en littérature, est toujours de savoir de quel meuble ou de quelle charpente on parle exactement. Autrement dit, de quel bois il est fait. C'est donc une affaire purement artisanale. *Le Sain Esprit de contradiction* nous permettra de relire certains textes plus ou moins connus mais surtout d'en découvrir d'autres inédits : notamment des textes de fiction comme *Les Oreilles* ou *Apostrophe à Toinette* datant tous deux de 1935 et des articles de critiques littéraires sur divers auteurs polonais tels que « Les produits folkloriques de la littérature » et « Nous n'absorbons la vie que peu de jours ». Witold Gombrowicz, depuis sa solitude argentine, a très vite eu l'intuition vitale de faire diffuser son œuvre et de « prendre Paris » coûte que coûte. Comme un essaim farouche et déterminé attaquerait une citadelle supposée imprenable. Le tout à une époque, et en des lieux, où les agents littéraires et les réseaux sociaux n'étaient même pas un rêve lointain. Il organise un réseau, cultivant un certain esprit de la clandestinité voire de complot, composé de jeunes intellectuels argentins et de figures déjà reconnues comme celle d'Ernesto Sábato (renommé pour l'occasion « chef de la propagande » (2)). L'entretien inédit avec l'intellectuel cubain Virgilio Piñera (1912-1979) sobrement intitulé « La vraie bataille ferdydurkiste » en est l'illustration géniale. Piñera avait en effet été désigné par Gombrowicz « directeur du comité de traduction » de *Ferdydurke* en espagnol, assisté par une dizaine de bénévoles ne parlant pas un mot de polonais. Gombrowicz, ne maîtrisant à l'époque que très mal l'espagnol, en était bien entendu le chef d'orchestre. C'est cette traduction, au demeurant extrêmement bizarre, qui arrivera dans les mains de son premier éditeur français, Maurice Nadeau. Gombrowicz a un rapport guerrier à la littérature et aux idées de façon générale. Sa correspondance avec Jean Dubuffet (3) en est une autre illustration (et que dire de son fameux « Tuez Borges ! » crié de son paquebot quittant l'Argentine en 1963). Witold Gombrowicz met son nez partout, sur ses contrats bien sûr mais également sur ses traductions, ses illustrateurs ou encore ses admirateurs (parmi lesquels on trouve un certain Ingmar Bergman). L'entretien avec Piñera frappe par la dimension quasi militante et idéologique que Witold Gombrowicz conférait à la littérature, la sienne bien évidemment, et l'image absolument aristocratique qu'il s'en faisait : « La vraie bataille ferdydurkiste, nous la livrerons justement à Paris, et à Londres, lorsque *Ferdydurke* sera traduit en français et en anglais. Il faut attaquer le monstre de la maturité fictive dans sa propre maison. »

1. Witold Gombrowicz, *Le Sain Esprit de contradiction*, Christian Bourgois, 2022.
2. On relira sur ce point : Witold Gombrowicz, *Lettres à ses disciples argentins*, Éditions Sillage, 2019.
3. Jean Dubuffet, Witold Gombrowicz, *Correspondance*, Gallimard, 1995.

LIVRES
Mystique ou musique paulinienne ?
› Stéphane Guégan

Le meilleur du cinéma de Pier Paolo Pasolini (1922-1975), ses tout premiers films, accorde une place éminente aux motifs christiques du rachat et du sacrifice, très souvent en référence directe aux Évangiles ou à ce qui lui semblait les égaler dans l'ordre de la spiritualité et de la poésie, *La Divine Comédie* de Dante. Un autre fait confirme cette persistance, nous voulons parler de l'ultime projet du cinéaste, le scénario d'un *Saint Paul* que sa mort criminelle interrompit net. Nul doute que Pasolini, s'il eût vécu, l'aurait tourné. Nous le regretterions davantage si nous ne savions qu'il entendait situer son film au XXe siècle et le lester d'échos à l'expérience de la Collaboration et au scandale de la ségrégation qui sévissait encore aux États-Unis… Le dernier long métrage qu'il a signé, *Salò*, paraphrase sadienne assez ridicule, se double d'une fable politique aussi indigeste. Marx, fût-ce révisé par Gramsci, ne fut pas d'aussi bon conseil que la parole de Jésus et de ses apôtres... En cette année de centenaire, et donc d'inventaire impartial, il est assez tentant d'interpréter les prénoms de Pasolini comme les deux tentations entre lesquelles se sont inscrites sa vie et son œuvre. Pierre désignerait le dogmatique qu'il resta après avoir été exclu du Parti communiste pour homosexualité, le clerc de la gauche italienne, incapable de s'affranchir d'un certain binarisme militant, tandis que Paul incarnerait la foudre du verbe, l'appel du Christ et la vraie morale révolutionnaire, par laquelle chacun de nous est comptable de l'humanité entière.

Bien avant d'éclairer son cinéma de l'intérieur, le catholicisme pasolinien trouve sa voie chez un jeune poète de 20 ans qui se mesure à l'écriture en pleine guerre, aux confins de l'Italie, de l'Autriche et de la Yougoslavie. Alors que Guido Pasolini, le frère cadet, s'engage dans la lutte antifasciste, et tombera sous les balles communistes en 1945, Pier Paolo rêve d'être le Rimbaud ou le Verlaine du Frioul. Comprendre le futur cinéaste, nous disent Hervé Joubert-Laurencin et la somme foisonnante qu'il lui consacre (1), exige de s'occuper de l'écrivain et, en premier lieu, des poèmes de 1942-1943, qu'il ne devait publier qu'au milieu des années cinquante. Pasolini ne les a pas qualifiés de « méditations religieuses » au hasard. Plusieurs des pièces les mieux venues identifient le besoin de confession et de compassion de l'auteur aux épreuves de la Passion, elles se teintent aussi de sexualité interdite et d'un précoce mélange de conscience malheureuse et d'exhibitionnisme certain. Le poème *Usignolo* est précédé ainsi de deux exergues solaires, l'un tiré d'un chant liturgique, l'autre d'un des plus beaux poèmes du *Sagesse* de Verlaine. Mais Pasolini ne se contente pas de citer le grand Français en qui s'étaient réconciliés, en 1881, la modernité, l'inversion et le Christ. Là où Verlaine rime sur ses difficultés d'être malgré la Grâce (« Malheureux, toi Français, toi Chrétien *[...]*! »), l'Italien change le sens de la citation : « Heureux, toi Français, toi Chrétien ». Lorsque paraîtra *Le Rossignol de l'Église catholique*, qui rassemble sa poésie de jeunesse en 1958, Pasolini sent le besoin de définir ce qu'est et n'est pas sa foi singulière, plus éthique que cléricale, plus mêlée aussi d'Éros à demi avoué : ce catholicisme, confie-t-il, est resté « dans l'ombre : je n'ai jamais mené contre lui une lutte claire, mais je n'ai pas non plus de refoulements dangereux. Depuis l'âge de 15 ans, j'ai cessé de croire, et je n'ai jamais été pratiquant. La religiosité a pris d'autres formes et crée d'autres fantasmes ».

La mort violente et la mort sacrificielle, souligne Joubert-Laurencin, sont communes aux premiers films de Pasolini, les seuls qui soient pleinement convaincants. Dès l'inaugural *Accattone*, en 1961, on suit les errances d'un veule maquereau des banlieues pouilleuses de Rome, où s'entasse un sous-prolétariat que n'aspirent pas les usines du Nord (2). Largement lotis sous Mussolini, ces quartiers miséreux sont comparés à Buchenwald par notre héros dérisoire. Quand Pasolini fustige le fascisme des dominants et le dressage bourgeois, la nuance ne l'étouffe pas toujours. Mais *Accattone* refuse, d'un autre côté, et l'optimisme social du néoréalisme franciscain de Rossellini et son esthétique lumineuse. Les vies désaxées de la petite délinquance sont traduites dans la poésie de leur argot, un montage heurté, un récit discontinu, et l'attitude souvent équivoque de protagonistes impuissants à diriger leur vie. Lancé par une citation de Dante ayant trait aux élans de repentance qui peuvent nous saisir à tout moment, le film se referme sur les lueurs du Purgatoire. *La Ricotta*, en 1963, pousse plus loin le remploi tragicomique de ce qui est le drame, par excellence, de l'imaginaire catholique ; en effet, Pasolini y glisse sa première évocation du Golgotha, toujours aux abords de Rome, et assortie de musiques discordantes. Les références littérales au maniérisme toscan pourraient elles aussi suggérer l'intention blasphématoire. Or, les crucifixions sublimes de Rosso et de Pontormo que Pasolini transpose à l'écran ne substituent pas seulement au discours sacré les aveux sexués de peintres rejetant le message de la Passion. Le carton d'ouverture de *La Ricotta*, du reste, confirme le lien viscéral de Pasolini aux écrits évangéliques. Nul n'ignore la puissance visuelle, vitale et métaphysique qu'il conférerait, en 1964, au texte de Matthieu sans rien en écarter, ni rien y ajouter. Le Bach des *Passions*, soit la musique au service du texte et de la prière, lui a montré le chemin. Son film allait troubler et diviser la communauté chrétienne peu préparée à cette force renouvelée de Dreyer et Bresson. Au père progressiste Don Giovanni Rossi, Pasolini redit alors sa vocation paulinienne inaccomplie : « Je ne peux ni remonter sur le cheval des juifs et des gentils, ni m'abattre pour toujours sur la terre de Dieu. » Ce chemin de Damas, il ne pensait jamais en voir le bout. La mort arrêta sa course trop tôt. Car l'Église d'Italie, dès la fin des années quatre-vingt, finit par absoudre son si peu canonique fidèle.

1. Hervé Joubert-Laurencin, *Le Grand Chant. Pasolini poète et cinéaste*, Macula, 2022. Signalons deux autres livres éclairant les relations entre littérature et cinéma. Dans *Le Dernier Vol (Single Lady)*, aux éditions La Table ronde (coll. Quai Voltaire, 2022), le scénariste et romancier John Monk Saunders peint merveilleusement bien la dérive chic d'aviateurs américains restés à Paris après novembre 1918. Alcool, sexe et chute : le film de 1931 qu'en tira William Dieterle n'a pas la beauté désespérée et l'humour sobre du roman, à situer entre Fitzgerald et Hemingway… « Épistolier compulsif », François Truffaut a laissé plusieurs milliers de lettres derrière lui. On lui doit le beau néologisme de « Sévigner ». Ce volume de *Correspondance avec des écrivains* (édition de Bernard Bastide, Gallimard, 2022) est bien d'un critique qui échappa à la presse sartrienne. Ses échanges avec Cocteau, Genet et Audiberti, mais aussi Lucien Rebatet et Félicien Marceau, ont parfois gêné les biographes. Raison de plus pour les lire. Au sujet des chroniques qu'il fit paraître dans *Arts* entre 1954 et 1958, voir Stéphane Guégan, « Truffaut sabre au clair », *Revue des Deux Mondes*, mai 2019, p. 162-164.
2. À propos d'*Accattone*, voir Stéphane Guégan, « Couronne d'épines », *Revue des Deux Mondes*, février-mars 2016, p. 194-197.

FILMS
Pier Paolo Pasolini (1922-1975)

› Richard Millet

Je ne suis pas certain qu'on aura accordé à Pier Paolo Pasolini, pour le centenaire de sa naissance, autant d'attention qu'à celui de Jack Kerouac (1922-1969) ou même qu'à celui de l'*Ulysse* de James Joyce. Près d'un demi-siècle après sa mort, le cinéaste, poète, romancier, polémiste, reste *irrécupérable*, comme il l'était de son vivant, surtout dans ses dernières années, jusqu'à son assassinat par un voyou, sur une plage d'Ostie, dans des circonstances demeurées mystérieuses, où il a rejoint les héros de ses premiers films.

Certes, le monde de l'édition a réédité certains de ses livres, le poète et le romancier d'*Actes impurs* et de *Nouvelles romaines* restant plus lus que celui de *Pétrole*, grand roman inachevé et inclassable dont on disait qu'il portait en lui de quoi le faire assassiner. Mais le

OLIVIER DE SERCEY
96, rue du Bac Paris VIIème
www.olivierdesercey.fr
Faire-part, Cartes de visite,
Papier à entête
01 45 48 21 47 - contact@olser.fr

cinéaste ? Ne pâtirait-il pas aujourd'hui de sa gloire littéraire et de la sombre légende de l'homme, peut-être éclipsé par le trio Fellini-Antonioni-Visconti, voire par ses contemporains Bertolucci, Bellocchio et Bolognini ? Le film biographique d'Abel Ferrara, *Pasolini*, sorti en 2014, avec un Willem Dafoe remarquable dans le rôle-titre, centré sur la dernière journée du cinéaste, qui réalisait alors le montage de son ultime long-métrage, *Salò ou les 120 Journées de Sodome*, ne dissipe aucun malentendu et donne surtout le désir de retourner aux films de Pier Paolo.

Il est vrai que Pasolini, à cette époque, traverse une crise, pour peu que la crise ne fût pas le régime général de cette existence somme toute brève mais incandescente. Il vient de renier ce qu'il appelait la « Trilogie de la vie », soit *Le Décaméron* (1971), *Les Contes de Canterbury* (1972) et *Les Mille et Une Nuits* (1974), films pour lesquels j'avoue mon peu de goût. Sa volonté critique, devenue totale, le coupe de bien de ses amis, la presse, elle, ne le ménageant pas plus qu'il ne ménageait l'ordre bourgeois dont il voyait les manifestations jusque dans le gauchisme culturel – en quoi il demeure notre contemporain radical, notamment par ses *Écrits corsaires* et ses *Lettres luthériennes*.

On conçoit dès lors que son assassinat l'ait fait rejoindre le héros christique d'*Accattone*, son premier film, sorti en 1961, lequel montre le parcours d'un minable souteneur de la banlieue romaine, Accattone (Franco Citti), qui passe de l'abjection à une sorte de rédemption en renonçant à prostituer une jeune fille qui porte le nom, symbolique, de Stella (Franca Pasut), le film confrontant la langue des bas-fonds romains avec la musique de Bach, le cinéma, pour Pasolini, devant être « la langue écrite de la réalité », celle qui montre l'être humain dans sa nudité, misère ou salvation, grâce à ce que son auteur appelait le « cinéma de poésie », un peu comme Cocteau parlait de poésie de roman ou de cinéma.

Cela même qu'on retrouve, l'année suivante, dans *Mamma Roma*, où Anna Magnani incarne une prostituée qui tente d'échapper à sa condition pour élever son fils de 16 ans, lequel ignore tout du métier de sa mère. Ces deux films, s'ils ressortissent au néoréalisme italien des années cinquante, n'en portent pas moins la singularité d'un cinéaste venu assez tard (40 ans) à son art, et dont l'apogée sera *L'Évangile selon saint Matthieu* (1964). Tourné dans les habitations troglodytes de Matera, dans la région de Basilicate (décor qui servira, en 2004, à l'excessive *Passion du Christ* de Mel Gibson), ce film propose une lecture *politique* de l'Évangile, ce qui n'a rien d'étonnant de la part d'un homme qui vient de mettre en scène un « Christ des bidonvilles » et une prostituée tragique. Sa lecture n'exclut cependant pas le surnaturel – la beauté androgyne de l'archange Gabriel révélant la pure beauté de Marie, mère de Jésus, ici incarné par un jeune Espagnol, Enrique Irazoqui, après que Pasolini eut, pour ce rôle, songé à Kerouac et au poète russe Evtouchenko. C'est que, comme chez Bresson (et l'usage, ici, de la *Messe en si* de Bach peut rappeler celui de la *Messe en ut mineur* de Mozart dans *Un condamné à mort s'est échappé*), Pasolini traque avant tout la vérité des êtres, laquelle passe d'abord par celle des visages, celui de Jésus autant que ceux des autres personnages, apôtres ou simples habitants de Judée-Samarie, incarnés par des habitants de Matera, et des parents et amis du cinéaste, dont les figures, le plus souvent muettes, nous bouleversent.

Le film a fait grincer des dents, en Italie et en France, comme le fera, plus tard, *Sous le soleil de Satan* de Pialat, et bien plus que le provocateur *Porcherie* (1969) qui souffre de sa charge théorico-politique et d'acteurs français venus de chez Godard et Buñuel (Léaud, Wiazemsky, Clémenti). Un film plus fort, aussi, que ne le sera *Salò ou les 120 Journées de Sodome* (1975), comme si la vie de Jésus et la révélation christique étaient bien plus scandaleuses que le matérialisme pornographique de Sade, et que la phrase de Jésus « Je ne suis pas venu apporter la paix mais le glaive » n'eût cessé d'habiter Pasolini. Voilà qui doit être toujours présent à notre esprit, en notre époque de grand consensus et d'hypocrisie *woke*. De quoi eût aussi témoigné ce film sur la vie de saint Paul, dont nous avons le scénario, mais que Pasolini n'a pas tourné : il y aurait montré le cheminement de l'apôtre dans le monde moderne, et y pensera jusqu'à sa mort, parallèlement à cet étrange *Porno-Théo-Kolossal*, dont Ferrara a tourné quelques scènes dans son *Pasolini*.

L'Évangile selon saint Matthieu émet au centre de son œuvre et de sa vie une lumière dont la puissance nimbe aussi des films comme *Médée* (1969), avec Maria Callas, et *Théorème* (1968), son autre chef-d'œuvre, avec Terence Stamp dans le rôle d'un personnage d'une grande beauté qui s'introduit dans la famille d'un industriel et a des rapports sexuels avec chacun de ses membres, avant de disparaître, ayant révélé chacun à soi-même, ou l'ayant placé dans un état d'authenticité où il devient « l'apôtre d'un Christ non crucifié et perdu », et nous révélant ainsi une part ombreuse de nous-mêmes.

MUSIQUE

De Mozart à Mao

› Olivier Bellamy

Quoi de neuf? Mozart! Le mot de Sacha Guitry, toujours d'actualité. Tout comme la question rituelle du chef d'orchestre Sir Thomas Beecham à son facteur : « Rien de Mozart ce matin ? » Mais *neuf* n'est pas assez fort. Il faudrait dire *jeune*, éternellement *jeune*, quand le journal du matin est déjà vieux chaque soir. Pauvre Victor Hugo qui trouvait « ridée » la musique du *Requiem* ! Pauvre Beethoven qui estimait que Mozart avait perdu son temps à mettre les aventures d'un *libertin* en musique (*Don Giovanni*) ! Pauvre XIXe siècle si loin de la vérité du classicisme, si lourd, et si commun dans son insatiable souci d'originalité. Il va de soi que Beethoven est immense, mais va-t-il plus loin que Mozart? non, pensait Chopin qui ajoutait : « A-t-on besoin de marteler les choses ainsi ? » Le pianiste Edwin Fischer renchérit : « Lorsque le démonisme surgit chez Beethoven, lorsque toute une scène est caractérisée en quelques notes, il ne faut pas dire : voilà qui est vraiment beethovénien, mais : voilà qui est vraiment mozartien ! (1) » Et Reynaldo Hahn d'ajouter qu'il n'aimerait pas croiser certains thèmes de Mozart, seul, dans la nuit.

Tout est déjà là chez Mozart. Tout ce qui compte ! Dieu, le diable, l'homme, la femme, l'amour, le désir, le désespoir, la joie... Tout, mais dans le respect des « lois immuables » chères à Goethe, et derrière si peu de notes. Si Beethoven est à réinventer, constamment, Mozart se joue. Tout simplement, mais pas n'importe comment. En connaissant toutes les subtilités de la rhétorique, en les oubliant, puis en feignant de les découvrir. Avec un émerveillement constant. Voilà qui s'appelle *jouer*. Enjamber des abîmes, sourire à la vie, s'en fout la mort. Cet esprit d'enfance est rarement à la portée des plus jeunes. « Trop faciles pour des enfants et trop difficiles pour des adultes », disait Artur Schnabel à propos des sonates de Mozart.

La jeunesse est donc bien un art, selon ce brave Oscar Wilde. Un art qu'on met du temps à saisir, à apprendre, à désapprendre et à comprendre. Car il ne s'agit pas de singer la jeunesse, mais de retrouver ce goût des folies tout en restant noble. Cette innocence d'être au monde, sans se regarder dans la glace, sans exagérer sa nature, sans craindre d'être jugé. Marcher sur les nuages avec des semelles de vent est parfois une grâce, mais souvent un long et fastidieux travail. Grand art toujours caché, voilà le secret. « Rien dans ses œuvres ne laisse sentir le travail. Il est savant et sa science ne se perçoit pas. Il a le cœur brûlant, mais aussi un esprit droit, une pensée claire et un regard serein. Il est grand, il est beau, il est simple, comme la nature », a justement dit George Sand (2).

La simplicité est le sésame ultime. Ne nous attendons pas à en trouver la formule magique dans la volumineuse correspondance de l'enfant de Salzbourg. Au miracle de son esthétique, Mozart (en classique qui dit le plus avec le moins) consent tout juste à nous livrer un principe essentiel propre à décevoir les phraseurs avides : « Le plus nécessaire, le plus difficile, l'essentiel en musique [à ce moment, le monde entier se tait et attend la solution de l'insoluble mystère], c'est la mesure. [Infinie déception de la foule romantique. Quoi ? Tout ça pour ça ? Dame ! Mozart a beau incarner « la » Musique, il reste un musicien qui parle en musicien...] Personnellement, je reste toujours exactement dans la mesure. Certains musiciens n'arrivent pas à comprendre que, dans le tempo *rubato* d'un *adagio*, ma main gauche reste complètement indépendante. Chez eux, elle cède toujours. (3) »

Eh oui ! Non seulement la gauche n'a pas le monopole du cœur, mais elle se doit d'être sourde aux intermittences du muscle sentimental. La droite batifole, pleure, tempête et rit, si ça lui chante, mais la gauche, la vraie gauche, se doit d'être inflexible. Quelle leçon ! Fou Ts'ong, le grand mozartien chinois disparu, a conjugué toute sa vie fraîcheur et intransigeance : « Dans les œuvres de la fin comme le *Rondo en la mineur* ou l'*Adagio en si mineur*, les pianistes ont tendance à ralentir. Mais cette musique n'a ni commencement ni fin, elle est là pour toujours. Ralentir, c'est amoindrir sa portée. »

Vladimir Horowitz a mis du temps à rencontrer Mozart, le grand amour de ses dernières années. Longtemps, il a été cet époustouflant virtuose, plus soucieux de montrer que d'être. Et puis, à la fin de sa vie, « Satan » a reconnu la voix des anges.

Le pianiste japonais Mao Fujita, qui, à 23 ans, est le grand mozartien d'aujourd'hui, a voulu devenir pianiste en écoutant le CD *Horowitz à Moscou* où l'on trouve une *Sonate K 330* de Mozart qui a déjà de quoi faire tomber mille fois le Mur de Berlin (4). S'attacher à ce disque historique (le Russe revient pour la première fois sur sa terre natale) est déjà une marque de curiosité, mais tomber amoureux de ce Mozart miraculeux, impalpable, trahit le goût d'un vrai artiste.

Je me souviens d'avoir découvert Mao Fujita dans un concerto de Mozart, à la finale du Concours Clara-Haskil de Vevey en 2017. Pour nous tous, professionnels et mélomanes, il était évident que c'était lui. Depuis Perahia et Zacharias (qui dirigeait l'orchestre à Vevey), on n'avait plus entendu beauté aussi naturelle, théâtre aussi vivant.

Puis j'ai oublié son nom (pourtant, un Japonais qui s'appelle Mao !) et je l'ai retrouvé cet été à La Roque-d'Anthéron. Quand il est entré sur scène, un incroyable sourire aux lèvres qui disait : « Je ne viens pas jouer pour vous, mais jouer avec vous », on s'est demandé s'il s'agissait d'un vieux sage tibétain ou d'un petit prince venu d'une autre planète. Quand il s'est mis à jouer, tout est devenu clair, c'était bien un ange, âgé de mille ans et demi. Il était passé par Moscou, sur les traces d'Horowitz, Paris (Fondation Louis Vuitton), Londres, et le Verbier Festival avait eu la riche idée de lui confier l'intégrale des sonates de Mozart. À 23 ans !

L'enregistrement a eu lieu dans la foulée. Même si le piano choisi est un tout petit peu trop lourd (les pianos légers auraient-ils disparu de la surface de la terre ?), l'enchantement est au rendez-vous. Et le secret de l'éternelle jeunesse enfin à la disposition du monde entier.

1. Edwin Fischer, *Considérations sur la musique*, Éditions du Coudrier, 1951.
2. Cité dans Constantin von Wurzbach, *Mozart-Buch*, Vienne, 1869.
3. Correspondance, lettre du 24 octobre 1777, Flammarion, 2011.
4. *Horowitz in Moscow*, Deutsche Grammophon, 1986.
5. Mao Fujita, *Mozart*, 5 CD Sony classical, 2022.

EXPOSITIONS

Claude Monet-Joan Mitchell, ou la peinture au corps-à-corps

› Bertrand Raison

Une des tentations muséales récurrentes consiste à doter l'immense Claude Monet (1840-1926) d'une double casquette. Celle de l'impressionnisme qu'il porta sur les fonts baptismaux que nul ne songe à lui enlever, et celle du précurseur de l'abstraction, si l'on pense à la frise vertigineuse des *Nymphéas* sans commencement ni fin qui occupa la fin de sa vie. Au nom du Monet tardif donc, on ne manque pas de relier les abstraits américains de l'après-guerre : Mark Rothko, Sam Francis, Jackson Pollock, Joan Mitchell (déjà) et consorts, au panache de notre célébrité nationale. Le musée Marmottan Monet a enfourché ce cheval de bataille en 2010 ainsi que celui de l'Orangerie en 2018 rassemblant peu ou prou le même casting. C'est oublier que l'œuvre tardive ne fut guère appréciée à l'époque et qu'il fallut attendre une trentaine d'années après sa mort avant d'assister au « *revival* » du dernier Monet, au moment même où les figures de l'abstraction new-yorkaise côtoyaient le firmament de la reconnaissance. Ouf ! Ils n'étaient pas entièrement les seuls à chevaucher au premier rang de l'avant-garde, Paris pouvait s'enorgueillir d'y être encore pour quelque chose. La Fondation Vuitton (1) rebat les mêmes cartes en mettant le maître de Giverny face à Joan Mitchell (1925-1992), la plus française des Américaines, figure exceptionnelle de la deuxième génération des expressionnistes abstraits. Mais cette fois-ci, la confrontation est à la mesure du duo. On s'embarrasse moins des finasseries, pour savoir si, oui ou non, le premier a influencé la seconde. Sachant que pour mettre les pendules à l'heure, Joan Mitchell s'est toujours défendue d'un tel rapprochement, même si on s'ingéniait à lui rappeler son installation à Vétheuil, ce village en bord de Seine, situé à un jet de pierre du jardin aux nénuphars de son auguste voisin, où elle travaille depuis 1967. Cette proximité lui attira toujours les mêmes questions qu'elle s'efforçait d'étouffer dans l'œuf en opposant un déni virulent. Attitude de façade de celle qui cachait des affinités plus secrètes qu'elle ne tenait pas à dévoiler, peut-être? Heureusement, la présentation ne vire jamais à la démonstration, tout loisir est donné au visiteur de juger sur pièces tout au long d'un parcours en deux étapes (et deux catalogues) dont l'une est réservée au dialogue entre nos deux protagonistes et la seconde à la rétrospective dédiée à la peintre. Une affiche exceptionnelle qui réunit pour la première fois dans son intégralité le triptyque de l'*Agapanthe* de Monet (1920-1926) dispersé dans trois musées américains ainsi que dix tableaux, appartenant à la suite de *La Grande Vallée* peinte par Joan Mitchell entre 1983 et 1984, jamais rassemblés depuis près de trente ans. Mais laissons ces records, car ce qui frappe d'emblée, c'est la couleur, son éclat, les multiples facettes d'un incendie gestuel qui se propage à grands traits de pinceaux striant la surface des grands formats de l'une comme de l'autre où la « représentation » de la nature s'enroule. On regarde certes, mais on est surtout happé, on tombe littéralement dans ce territoire turbulent, agité par le mouvement des reflets de l'eau ou des masses colorées. Cela vous agrippe et ça vous tient. Aimantation qui, en son temps, avait requis Vassily Kandinsky devant l'une des meules de Monet dont il n'avait pas reconnu la forme, l'objet faisant défaut, la toile s'était « emparée » de lui (2). Florence Ben Sadoun dans son livre (3), publié à l'occasion de cet événement pictural, rapporte une expérience similaire face à un diptyque de Joan Mitchell, une *Grande Vallée* justement, un jour d'été 2007 au musée d'Art moderne de New York. « Je me suis sentie – raconte-t-elle – comme une oie sans plumes *[...]* Immobile comme un chien d'arrêt devant une proie, sauf que la proie, c'était moi ! Des gouttes de sueur perlent sur mon nez. J'ai froid, j'ai chaud. » L'effet Mitchell est si persistant qu'il se répète depuis ce jour avec la particularité d'être un phénomène exclusif, aucun autre peintre ne déclenchant une telle réaction. Coup de fièvre d'autant plus imprévisible que Joan Mitchell est pour elle une parfaite inconnue et qu'elle avoue d'emblée ne pas connaître grand-chose à la peinture. Bouleversée par cet accès ravageur, la voilà transformée, fouillant d'un même élan tout ce qui se publie sur cette artiste en cherchant à rencontrer ceux qui, de près ou de loin, l'ont approchée. Un océan de curiosités s'ouvre sans qu'elle puisse en comprendre les contours. C'est inexplicable, ne répond à aucune théorie. Tout est dans le ressenti, le sensible prédomine, s'apparentant au registre des *feelings* cher à l'élue de son cœur pour laquelle la peinture est d'abord affaire de sensation, comme Monet d'ailleurs qui emploie le même vocabulaire. Mais revenons à cet état fusionnel qui enlace l'auteure à l'objet de son trouble. On pourrait en minimiser l'importance, en pointer l'insuffisance critique. Or, l'horizon d'un tel ébranlement, d'une telle secousse musculaire n'a rien de secondaire. Car si l'on reste attentif au champ qui se déploie dès le début du XXe siècle, et Monet comme Mitchell en labourent les conséquences, c'est le passage, comme le dit de manière très fine le philosophe Emanuele Coccia dans le catalogue (4), d'un système optique à un système physique. Le paysage n'est plus en face de nous, nous en faisons partie, au même titre que la multiplicité des êtres vivants dont nous découvrons peu à peu les relations que nous entretenons avec eux. C'est donc moins une histoire d'influence qu'un partage de référence. À ce titre, le récit de Florence Ben Sadoun rapportant la crise qui l'emporte s'accorde au corps-à-corps dans lequel s'est engagée la peinture de Joan Mitchell.

1. « Monet-Mitchell. Dialogue et rétrospective », Fondation Louis Vuitton, Paris, jusqu'au 27 février 2023.
2. Article non signé du *Point* du 17 juin 2010 citant les propos de Paloma Alarcó, commissaire de l'exposition « Monet et l'abstraction » qui a eu lieu au musée Marmottan Monet du 17 juin 2010 au 26 septembre 2010.
3. Florence Ben Sadoun, *Joan Mitchell. La fureur de peindre*, Flammarion, 2022.
4. « Le rapport à la nature des deux artistes » *in* Suzanne Pagé, Marianne Mathieu, Angeline Scherf, Simon Kelly, Sylvie Patry, Marin Sarvé-Tarr, Cordélia de Brosses, Claudia Buizza, *Monet-Mitchell*, Fondation Vuitton, Hazan, 2022, p. 131.

EXPOSITIONS

Alexandra David-Neel dans l'ombre du Bouddha

› Bertrand Raison

Exposer la vie du Bouddha à Digne-les-Bains (1) au cœur des Alpes-de-Haute-Provence peut surprendre, or, finalement, rien que de très normal, car la ville abrite depuis près d'un siècle la maison d'Alexandra David-Neel, celle qui fut non seulement la spécialiste du bouddhisme tibétain mais encore l'une des premières Européennes à se rendre dans la capitale du Tibet, alors interdite aux étrangers. Son livre *Voyage d'une Parisienne à Lhassa, à pied et en mendiant de la Chine à l'Inde à travers le Thibet* [sic], publié en 1927, rencontre un succès international ébouriffant. Le parcours de cette voyageuse intrépide, se moquant comme d'une guigne des conventions, n'a rien d'académique. Commencé sous les auspices de la musique, où elle prête sa voix aux héroïnes de Verdi, de Massenet ou de Bizet, il se termine en 1969, à l'âge de 100 ans, sous les traits d'une orientaliste aussi passionnée par la magie des superstitions que par les arcanes du lamaïsme. Entre-temps, la marcheuse impénitente s'est convertie à l'Asie en visitant le musée Guimet et suit des cours de sanscrit. Elle n'aura eu de cesse de se former afin de comprendre et de traduire les grands textes du canon bouddhiste, n'hésitant pas à vivre pendant plusieurs années en recluse à 4000 mètres d'altitude dans un ermitage accroché au massif himalayen, pour suivre l'enseignement d'un de ses mentors. Bref, il lui faut aller sur place. C'est le sens d'une de ses lettres qu'elle adresse, le 19 janvier 1913, à son mari (avec lequel elle entretiendra une correspondance de près de quarante ans sans vraiment vivre avec lui) : « Je t'assure – lui écrit-elle –, lorsqu'on rumine les théories hindoues dans la jungle où elles sont nées, on les voit sous un autre jour que les éminents chers maîtres qui ne les ont jamais connues que dans un cabinet de travail européen. » C'est bien ça, ruminer tout en marchant, notre piétonne s'y consacrera avec une obstination qui frappera tous ceux qui l'approcheront. Pas commode sans aucun doute, rien ne l'arrêtait. Son entrée à Lhassa constitue le terme d'une déambulation de plus de quatorze ans, accompagnée de Yongden, son fils adoptif. Succombant aux charmes du voyage, et malgré ses 70 ans, la voilà encore en 1937 sur les routes de l'Union soviétique en pleine turbulence stalinienne, sorte d'introduction paisible à un périple autrement plus mouvementé dans la Chine secouée par le conflit sino-japonais où elle attendra, aux portes du Tibet, la fin de la Seconde Guerre mondiale à sa table de travail.

Mais revenons aux cimaises du musée qui font la part belle aux *thangkas*, ces xylographies peintes sur toile encadrées de tissu représentant les principaux épisodes qui vont mener Siddhartha Gautama à celui qui, en 400 avant notre ère, deviendra le Bouddha (l'Éveillé). Le musée Guimet a, entre autres, prêté un ensemble de neuf peintures vivement colorées datant de la moitié du XIXe siècle et provenant du legs de Jacques Bacot (1877-1965). La précision a son importance d'autant que le donateur connaît fort bien Alexandra et qu'ils ont tous les deux traduit la biographie de Milarépa, mystique tibétain du XIIe siècle maniant à sa façon le meurtre et la spiritualité. Quant à Bacot, tibétologue chevronné et explorateur émérite, il ressemble à bien des égards à sa quasi-contemporaine par son profil peu académique. Nous voilà donc en territoire connu, disposés à aborder les aventures du Bouddha aussi saintes que légendaires. La série Bacot synthétise les variations mythiques d'un cheminement merveilleux qui voit un prince de haute naissance se démettre de ses richesses, suivre la voie escarpée du renoncement et de la méditation pour atteindre la connaissance suprême consistant à se libérer de la souffrance. Si l'on trouve des *thangkas* dès le IIe siècle, ceux de la collection Bacot, « fruit d'une production nettement plus industrialisée », comme le souligne Thierry Zéphir, commissaire de l'exposition, n'ont pourtant rien d'approximatif dans leur élaboration. Destinés plus généralement aux monastères, ils servent de supports de méditation ou de prière. Avec cette exquise particularité qu'ils ne sont déroulés que lorsqu'on les utilise à titre dévotionnel. Autrement dit, hors de ces moments de contemplation, ils regagnent l'obscurité. Leur lecture a beau être très codée, l'image principale occupant toujours le centre, le plus souvent celle du Bouddha, les autres vignettes illustrant toutes les péripéties de la quête sont éparpillées à la périphérie sans toujours être d'une grande constance dans la logique de distribution. C'est à la fois sage et effervescent. Les spécialistes détectent dans cette imagerie une influence chinoise dans le modelé des nuages qui, entourant le Bienheureux, empruntent au mouvement des rivières leur forme. Les deux nations – notent-ils – partageaient la même ferveur lamaïque jusqu'au XIXe siècle où tout s'est envenimé. Parallèlement à cette joyeuse démonstration esthétique, les vitrines, où sont rassemblées les photos noir et blanc prises par Alexandra lors de son séjour en Inde sur les traces de l'Éveillé, ne montrent que des temples détruits, des espaces désertés, où autrefois selon les *thangkas* régnait l'agitation divine des partisans du maître. Or, rien de plus émouvant que de réaliser que, malgré cette faille entre la fiction et la réalité, Alexandra David-Neel allait s'entêter pour devenir celle que l'on connaît.

1. « La vie du Bouddha », Maison Alexandra David-Neel, 27, avenue du Maréchal-Juin, Digne-les-Bains (04), jusqu'au 24 décembre 2022.

LES REVUES EN REVUE

Îl(e)s. Regards photographiques sur la vie insulaire

› Lucien d'Azay

Critique

› Mikaël Gómez Guthart

Littératures & Cie

› Charles Ficat

Hérodote

› Aurélien Tillier

LES REVUES EN REVUE

Chaque mois les coups de cœur de la rédaction

Îl(e)s. Regards photographiques sur la vie insulaire
N° 7, 2021, La Nouvelle Bleue,
208 p., 29 €

La revue *Îl(e)s* porte un « regard photographique » sur les îles du Ponant. Semestrielle, elle consiste en une série de photoreportages sur plusieurs aspects de la vie insulaire à toutes les saisons de l'année.

Directeur de la publication de la revue et fondateur des éditions La Nouvelle Bleue, Jean-Benoît Beven a lancé *Îl(e)s* en 2017 en confiant la direction de la rédaction à Guénaëlle Théaud et celle de la photographie à Xavier Dubois. Des portraits d'insulaires et des histoires personnelles nous font découvrir la vie intime et souvent en vase clos des habitants de ces enclaves océaniques. Une quinzaine d'îles ont déjà été abordées, de l'archipel de Chausey à l'île d'Aix, en passant par Bréhat, Ouessant, Sein, Groix, Belle-Île-en-Mer et l'île d'Yeu.

Le septième tome, réalisé par Stéphane Lavoué, Philippe Dannic et Juliette Pavy, élargit le spectre d'action de la revue au nord-ouest de l'Atlantique, avec un reportage sur Saint-Pierre-et-Miquelon.
› **Lucien d'Azay**

Critique
« Vous avez dit Nature ? »
N°s 903-904, août-septembre 2022,
Les Éditions de Minuit, 176 p., 14 €

Critique, jadis imaginée par un certain Georges Bataille et mise sur orbite quasiment depuis ses débuts par Les Éditions de Minuit, fait aujourd'hui figure d'institution parmi les revues littéraires hexagonales. Ce nouveau numéro mensuel a pour thème la nature, vaste et délicat sujet s'il en est. On y trouvera, par exemple, une étude sur « Merleau-Ponty et l'écologie » par la philosophe Catherine Larrère ou bien encore un passionnant article dans lequel la physicienne Françoise Balibar propose une réflexion mêlant érudition et pédagogie sur les tribulations du terme « histoire naturelle » à travers les siècles. « Aux origines de l'Anthropocène » signé Thierry Hoquet, philosophe spécialiste notamment des sciences naturelles, offre un éclairage rafraîchissant sur ce concept devenu ces dernières années une niche éditoriale parfois un peu confuse. Enfin, Joëlle Zask (lauréate du Prix Pétrarque de l'essai en 2020 pour *Quand la forêt brûle* aux éditions Premier Parallèle) signe un article sur les différentes approches anthropologiques du feu de forêt. › **Mikaël Gómez Guthart**

Littératures & Cie
Nº 1, premier semestre 2022, Christine Bonneton, 220 p., 17,90 €

L'arrivée d'une nouvelle revue littéraire en librairie mérite d'être remarquée. C'est d'autant plus le cas avec *Littératures & Cie* que la variété et le choix des articles offrent un ensemble vivant et original. Une bonne surprise dans le paysage des périodiques : à rebours des tendances narcissiques et branchées du moment, elle n'hésite pas à proposer une étude sur l'écrivain naturaliste Henry Céard par Thierry Poyet (qui a d'ailleurs établi récemment une édition d'*Une belle journée* en Folio), une sur Pierre Benoit par Stéphane Maltère ou un hommage à Alain Rey avec un entretien à l'appui sur la passion des dictionnaires. Emmanuel Pierrat revient sur l'affaire des manuscrits de Céline – rappelons qu'il fut l'avocat de Jean-Pierre Thibaudat, le gardien de ces trésors pendant des années. Du côté de la littérature contemporaine, on goûtera les échanges avec Astrid Éliard, Max Monnehay, Cécilia Dutter, Gérard de Cortanze ou Patrick Tudoret. Comme il se doit, un ensemble de notes critiques conclut le numéro. Sous la direction de Joseph Vebret, chef d'orchestre bien rompu à l'exercice puisqu'il anima pendant des années *Le Magazine des livres*, *Littératures & Cie* annonce deux numéros par an. › **Charles Ficat**

Hérodote
« L'Amérique post-Trump ? »
Nºs 184-185, 2022, La Découverte, 319 p., 22 €

Quatre fois par an depuis 1976, la revue *Hérodote* propose une enquête, une *historía* – comme l'historien grec dont elle tire son nom –, sur une région du monde. À l'approche des élections décisives de mi-mandat aux États-Unis, ce numéro double est consacré à « l'Amérique post-Trump », en réalité bien loin d'en avoir fini avec l'ancien président. Plusieurs articles passionnants dressent le portrait d'un Parti républicain acquis au trumpisme, soit par idéologie et adhésion sincère à des thèses antisystèmes, xénophobes et complotistes, soit par électoralisme, les élus critiques de Donald Trump ayant peur de perdre leur siège s'ils prennent position contre lui. Analyse des transformations de l'électorat américain, de l'influence durable de Trump sur la politique étrangère, et des stratégies des mondes conservateurs pour les prochaines élections… Ce numéro particulièrement fourni met en lumière toute l'ombre que Trump fera planer encore longtemps sur la démocratie américaine. › **Aurélien Tillier**

NOTES DE LECTURE

Quand l'arbre tombe,
d'Oriane Jeancourt Galignani
› Lucien d'Azay

L'Île haute, de Valentine Goby
› Lucien d'Azay

Le style réactionnaire. De Maurras à Houellebecq,
de Vincent Berthelier
› Jérôme Besnard

Par-delà l'attente,
de Julia Minkowski
› Olivier Cariguel

Crossroads, de Jonathan Franzen
› Marie-Laure Delorme

Scènes de ma vie privée,
de Patrick Besson
› Marie-Laure Delorme

Stefan Zweig. L'impossible renoncement, de Mathilde Aycard et Pierre Vallaud
› Charles Ficat

Bibliothèque idéale des Odyssées. D'Homère à Fortunat,
textes rassemblés et présentés par Claude Sintes
› Charles Ficat

Œuvre critique VIII. Recueils divers, de Barbey d'Aurevilly
› Robert Kopp

ABC de la lecture, d'Ezra Pound
› Céline Laurens

Paris des profondeurs,
de Pacôme Thiellement
› Céline Laurens

Opéra des oiseaux,
de Laurence Nobécourt
› Isabelle Lortholary

La Dernière Colonie,
de Philippe Sands
› Isabelle Lortholary

Le matin où j'aurais dû mourir,
de Semezdin Mehmedinović
› Bertrand Raison

Tombeaux. Autobiographie de ma famille, d'Annette Wieviorka
› Aurélien Tillier

Quand l'arbre tombe, d'Oriane Jeancourt Galignani, Grasset, 200 p., 18 €

Paul Persicaire, le héros de *Quand l'arbre tombe*, s'est replié chez lui, à Chandelle, en Sologne. Le parc de sa propriété est à la fois son refuge et le foyer de ses obsessions : « S'ouvrant tout autour de la maison en de multiples allées, il en faisait le simple abdomen d'une créature aux ramifications éclatantes. » Ce chef d'entreprise à la retraite fait appel à sa fille pianiste, Zélie, pour remédier à un « invisible phénomène » qui le dépasse : les arbres meurent et tombent les uns après les autres. Sept jours durant, le père et la fille tentent de faire face au désastre, mais Zélie se rend vite compte que ce parc prétendument menacé cristallise les hantises de Paul dont la vue baisse et les mains tremblent à mesure qu'il perd sa légendaire assurance.

Alors que le vieil homme se débat avec les arbres dans son purgatoire, terrorisé par l'impitoyable *tabula rasa* qu'annonce un avenir d'où il sera exclu, un trouble-fête se présente. Ce prêtre défroqué au physique d'acteur a été le grand amour de Frédéric, le fils de Paul, qui s'est pendu à un if du parc quinze ans plus tôt. Auteur d'un *Traité de la pauvreté comme sauvegarde*, Luc regarde son aîné avec l'œil de Caïn. « Du haut de son implacable innocence, il ignorait le procès qui se tenait dans la tête de Paul, du matin au soir, du soir au matin, depuis la mort du fils. Le petit théâtre d'ombres qui obscurcissait jour après jour son cerveau. » Ce règlement de compte *in extremis* est le pivot dramatique autour duquel s'articule l'examen de conscience. Oriane Jeancourt Galignani en déploie subtilement les enjeux en filant la métaphore arboricole (« cette chose informe qui attaquait les arbres, et contre laquelle, à deux, ils luttaient »).

L'ombre du *Roi Lear*, cité en épigraphe, plane sur ce roman, en guise de contrepoint. « Le roi Lear n'aime rien d'autre que l'image perdue de lui-même », avait déclaré le fils peu avant les tempêtes qui ravagèrent la France à la fin de 1999. Une série de paraboles inquiétantes, dont celle du pin rouge rongé jusqu'au liber par les scolytes, enfoncent le clou dans la conscience du père, un homme qui a toujours été « au milieu du gué, incapable de véritablement rompre avec ce lieu dont il venait ».

« La vieillesse est un naufrage », disait le général de Gaulle. On songe au livre d'André Malraux, *Les Chênes qu'on abat*... « Dans le corps du père de Zélie, la vieillesse était une toile qui claquait sur des mâts artificiels », écrit magnifiquement la romancière. › Lucien d'Azay

L'Île haute, de Valentine Goby, Actes Sud, 288 p., 21,50 €

Valentine Goby est l'un des plus grands écrivains de notre temps. *L'Île haute*, son quatorzième roman, est l'aboutissement d'une technique narrative aussi sophistiquée que discrète, car le talent de cette merveilleuse romancière consiste à transmettre la vie intime de ses personnages tout en exposant les forces qui s'exercent sur eux, à leur corps défendant, qu'il s'agisse d'un coup du sort, comme dans *Murène*, ou de la guerre, comme dans cette nouvelle chronique située sous l'occupation nazie. Juif d'origine russe, Vadim Pavlevitch vit à Paris dans le quartier des Batignolles. Il a 12 ans quand a lieu la rafle du Vél' d'Hiv. Face à la menace de la déportation, l'asthme dont il souffre sert de prétexte à ses parents pour l'envoyer à Vallorcine, près de Chamonix, où l'adolescent se camoufle sous le nom de Vincent et use d'un autre patronyme. Il a compris que « ce qui compte, ce n'est pas qui il est mais qui on le croit être ». Convaincu d'être à l'abri, Vadim-Vincent se laisse séduire par la rusticité ingénieuse des Savoyards. Il « éprouve le vertige de la verticalité, se dissout dans l'espace face au feuilleté des reliefs à l'horizon ». Modelé par la montagne (« une adhésion de tous les sens »), mais aussi par les enfants qu'il rencontre, il sort de sa chrysalide en oubliant le contexte tragique qui l'a contraint à fuir. Moinette, mi-elfe, mi-nymphe, qu'on dirait issue d'un roman de Maurice Maeterlinck, ainsi qu'une « grande », Olga, bergère plus entreprenante, l'initient à la sensualité. Valentine Goby nous fait partager les premiers émois de cet éphèbe sur lequel pèse l'ombre mortifère de l'antisémitisme. Rattrapé par l'histoire comme une bête traquée, il devra encore échapper, seul cette fois, à une condition dont il ne saisit pas la malédiction dans sa grande innocence, sans jamais oser demander rien à personne. « Les questions, le plus souvent, Vincent se les pose à lui-même. Par manque d'audace – il est à l'âge des embarras. Et parce que la curiosité est un défaut notoire, seul le maître n'est pas de cet avis. Et, aussi, parce que l'absence de réponses a ses attraits : il sait l'incertitude amie de l'imagination et l'imagination amie de tous les possibles, pas seulement du pire. » Telle est la leçon de ce chef-d'œuvre où abondent les images, toujours justes et délicates. La beauté sensible et la jeunesse triomphent des forces du mal dans une vision panthéiste qui rivalise avec les meilleurs livres de Jean Giono. › **Lucien d'Azay**

Le style réactionnaire. De Maurras à Houellebecq, de Vincent Berthelier, Éditions Amsterdam, 368 p., 22 €

Qu'y a-t-il de commun entre les leçons politiques de Maurras, les pamphlets antisémites de Céline, les aphorismes de Cioran et les romans de Roger Nimier, de Richard Millet ou de Michel Houellebecq ? Ce serait l'obsession du style si l'on en croit l'universitaire Vincent Berthelier qui entreprend ici un voyage ambitieux dans des eaux parfois troubles mais souvent plaisantes. Le style serait pour la droite (qu'il s'agirait déjà de définir) l'arbre qui cache la forêt, en l'occurrence une forêt peu ragoûtante. Plus précisément, le style serait le moyen invoqué par la droite littéraire française pour absoudre un héritage politique indéfendable, menant de l'Action française monarchiste à la Nouvelle Droite néo-païenne d'Alain de Benoist en passant par les cases du pétainisme et de la collaboration avec l'Allemagne nazie. Pour autant le critique sera bien obligé de convenir que le style très libre de Michel Houellebecq n'a rien à voir avec celui, se voulant classique, de Maurras. Leur intérêt pour la cause du style suffirait-il à les relier à un siècle de distance?

Bien entendu on concédera à l'auteur de cet ouvrage un certain sens de la nuance dans son approche de ces écrivains. On lui saura gré également de sa connaissance de la stylistique et de sa solide culture littéraire qui lui permettent d'intéressants développements sur tel ou tel. Mais pourquoi s'attarder sur Abel Hermant et André Thérive, que plus personne ne lit, et ignorer le travail de Pierre Boutang sur le langage ou les fulgurances critiques de Dominique de Roux? Pourquoi assigner à résidence l'anarchisme chrétien de Georges Bernanos ou enfermer dans le carcan des Hussards le gaullisme très spontané du jeune Roger Nimier? À ce sujet, le romancier Abel Quentin écrivait récemment: « Il n'est pas besoin d'être chrétien pour lire Bernanos et se représenter la puissance révolutionnaire d'une religion des pauvres. Mais il serait hasardeux de trop le politiser, de négliger ce carburant essentiel et d'en faire un "intellectuel", lui qui refusait même d'être qualifié d'écrivain. » Vincent Berthelier, malgré son ambition scientifique, regarde son sujet comme une hydre à combattre. Le culte du style serait un art supérieur de la dissimulation.

Il manque de fait à cette liste de « réactionnaires » la cohérence des « antimodernes » d'Antoine Compagnon. Ce livre regorgeant de citations est à lire mais sans pour autant pouvoir adhérer à sa thèse qui aurait mérité une approche plus libérale et moins radicale. Il n'existe pas plus de sens de la littérature que de sens de l'histoire. › Jérôme Besnard

Par-delà l'attente, de Julia Minkowski, JC Lattès, 224 p., 19,90 €

C'est l'un des crimes les plus fascinants du XXe siècle. Jean Genet s'en inspira pour sa pièce de théâtre *Les Bonnes* avant que des réalisateurs, parmi lesquels Claude Chabrol avec *La Cérémonie*, ne s'emparent du sujet. Début février 1933, l'affaire des « sœurs Papin » secoue la France entière. Au Mans, deux domestiques de 22 et 28 ans « noiraudes et maigres » viennent d'assassiner leur patronne Léonie Ancelin et sa fille Geneviève. La scène de crime est effrayante: murs éclaboussés de sang, corps des victimes lardés de multiples coups de couteau, bouts de chair et d'os éparpillés au sol. Un œil énucléé gît sur une marche d'escalier. « Un raffinement de cruauté » pour le légiste. L'avocate Julia Minkowski ressuscite l'atmosphère lourde et fiévreuse de leur procès éclair dans un roman qui met en lumière Me Germaine Brière, la défenseure oubliée de Christine Papin. Sa plaidoirie contrecarrait l'explication commode du double meurtre par la théorie de la lutte des classes. Elle réclama sans succès une véritable expertise psychiatrique de sa cliente. La folie de Christine l'aînée et laideron de compétition était la clé du drame, expliquant comment elle entraîna sa cadette Léa, au visage poupin. Une folle et une innocente, poussée à « un crime par effet de miroir » selon l'analyse à chaud d'un jeune aliéniste du nom de Jacques Lacan. Le 29 septembre 1933, devant les jurés tous masculins de la cour d'assises, Germaine Brière tremble de l'intérieur. Pourtant la pénaliste a de l'expérience. Elle a déjà embrassé la cause des femmes dans les prétoires. Jeune fille émancipée du carcan machiste de la société de l'après-guerre, elle dut attendre cinq ans avant d'être inscrite au barreau de cette bonne ville du Mans au prétexte qu'elle avait une « allure trop garçonne ». Ses confrères lui avaient demandé de produire un certificat de virginité pour l'admettre en leur sein. Julia Minkowski remonte le fil des heures du procès en se glissant dans la tête de Germaine Brière. Son livre bat au rythme du cœur d'une avocate d'exception, morte prématurément à 39 ans. Cette journée particulière conclue par le verdict d'une condamnation à mort de Christine (graciée ensuite par le président de la République) est restituée avec la précision d'une horlogère qui démonte du fond des abysses humains la face cachée des émotions. › **Olivier Cariguel**

Crossroads, de Jonathan Franzen, traduit par Olivier Deparis, Éditions de l'Olivier, 710 p., 26 €

Hiver 1971, dans une banlieue aisée de Chicago. La famille Hildebrandt prend l'eau de tous les côtés. Russ et Marion Hildebrandt sont parents de quatre enfants : Clem (20 ans), Becky (18 ans), Perry (15 ans), et le petit dernier de 9 ans, Judson. Le père de famille est pasteur. Russ Hildebrandt a été détrôné dans le cœur des jeunes paroissiens par le moderne Rick Ambrose puis il est tombé amoureux d'une de ses fidèles, la jolie veuve Frances Cottrell. Jalousie et concupiscence. Ses trois aînés sont à la dérive. Perry prend et vend de la drogue ; Becky hérite de l'argent de sa tante et se retrouve éprise d'un musicien en couple ; Clem a décidé, à la suite d'une liaison, de renoncer à son sursis d'étudiant et de s'engager au Vietnam, à l'âge de 20 ans. L'épouse de Russ, Marion, voit son passé, douloureux et trouble, remonter à la surface.
Les deux pasteurs se battent autour de Crossroads, association d'une centaine de jeunes paroissiens, dont font partie Becky et Perry. Dans *Crossroads*, le romancier américain Jonathan Franzen parle de religion, de modernité, de sexe. À 45 ans, Russ Hildebrandt est dépassé par son pasteur associé de moins de 30 ans et par ses désirs pour une autre femme. Le pasteur à l'enfance mennonite se retrouve obnubilé par lui. Il ne voit plus rien de son environnement. Sa famille s'effondre pierre par pierre. Son épouse a trouvé un but dans la vie : perdre ses nombreux kilos et le quitter pour retrouver un ancien amant. Leurs rêves, leurs passions : le couple, établi dans une riche banlieue, aimerait retrouver un peu de son idéalisme passé. L'auteur des *Corrections* excelle dans le portrait de la famille américaine au bord de la crise de nerfs. On est dans

la tête de chacun des personnages : sentiments, déchirements, attachements. Ils sont tous névrosés. Marion se rend chez la psychiatre en cachette de toute la famille. Elle a passé quatorze semaines dans un hôpital psychiatrique à Los Angeles, en 1941, à la suite d'un grave épisode psychotique. La mère craint que Perry ne soit le digne héritier de ses fragilités psychologiques. Son fils préféré est un « surdoué amoral » à la dérive rapide. Quand elle avait une dizaine d'années, Marion appréciait de s'occuper de son père dépressif. Il avait été victime du krach boursier. Marion aimait lui préparer des fruits. Elle avait l'impression de lui faire du bien, mais aussi d'être une meilleure fille que sa sœur. Elle a donc su tôt à quel point le mal et le bien sont mêlés. › Marie-Laure Delorme

Scènes de ma vie privée, de Patrick Besson, Grasset, 198 p., 19 €

Un jour, elle part. Zoé quitte Lucien. La rencontre entre l'éditrice de 33 ans et le romancier de 68 ans a eu lieu en 2016. Ils ont divorcé de leurs conjoints respectifs ; ils se sont mariés, ils se sont follement aimés. Ils ont vécu ensemble, avec la fille de Zoé, dans un appartement du XVIIIe arrondissement de Paris. Zoé veut un autre enfant et Lucien ne le souhaite pas. Quelques années plus tard, environ cinq ans, la séparation a lieu. Le vieux séducteur n'a jamais autant souffert car il aimait cette grande jeune femme blonde d'origine italienne à la colère rentrée. Aujourd'hui, Lucien écrit ce texte douloureux et méchant dans l'espoir que les phrases absorbent, une bonne fois pour toutes, son chagrin d'adolescent délaissé.

Dans *Scènes de ma vie privée*, on suit quatre couples appartenant au milieu de l'édition parisienne. Ils sont de vieux sexagénaires ; elles sont de jeunes trentenaires. Le romancier Lucien avec l'éditrice Zoé ; l'éditeur Guillaume avec la Grecque Maria ; le chanteur Bob avec la Russe Natacha ; l'éditeur Éric avec la Slovaque d'origine congolaise Gwendoline. Maria, Natacha, Gwendoline sont toutes trois romancières et souhaitent avoir des prix littéraires. « Le principal problème des auteurs : ils attachent une importance démesurée à leur existence et du coup écrivent dessus. » En 2019, les trois femmes sortent un roman à la rentrée littéraire. Le petit groupe d'amis va se disloquer.

Il y a un côté farce dans *Scènes de ma vie privée*. Les déjeuners entre écrivains et éditeurs ; les jeunes romancières voulant des enfants comme une « assurance-vie » avec des hommes établis pouvant leur apporter le succès ; les week-ends dans le Perche où tout Saint-Germain-des-Prés se retrouve. Les moments les plus prégnants du roman sont ailleurs. Lucien évoque un déjeuner avec son fils Henri, la visite d'un ancien appartement familial, sa mère turque. Le célibataire dort avec son transistor. On trouve des phrases comme des couteaux retournés contre soi-même : « Les vieux doivent apprendre à vivre sans amour, c'est l'examen final avant le passage dans la classe supérieure : le décès. » *Scènes de ma vie privée* parle de la vieillesse, du milieu littéraire, de la rupture. Mais, comme toujours avec Patrick Besson, les plus belles pages sont sur l'enfance. Ses souvenirs d'enfance comme des feuilles mortes. › Marie-Laure Delorme

Stefan Zweig. L'impossible renoncement, de Mathilde Aycard et Pierre Vallaud, Fayard, 448 p., 25 €

La popularité de Zweig est telle que les biographies se comptent par dizaines. Chaque époque réinterprète son Zweig, aussi est-il intéressant de comprendre par quel biais un biographe aborde le massif d'une vie. Assurément le mont Zweig est imposant, complexe, avec ses mystères, ses hésitations et ses zones d'ombre. L'approche suggérée ici par Mathilde Aycard et Pierre Vallaud serait un Zweig dans son temps. L'œuvre de l'écrivain passe au second plan et c'est l'homme parmi ses contemporains qui les intéresse au premier chef. Si l'ouvrage se lit agréablement, agrémenté de nombreux extraits de journaux intimes et de correspondances, sans doute aurait-on aimé y entendre davantage Zweig lui-même. À l'égard du *Monde d'hier*, les auteurs témoignent d'une certaine réserve, puisque l'auteur d'*Amok* lui-même conserve le silence sur plusieurs épisodes de sa vie et que la reconstitution proposée paraît assez éloignée de la réalité. Au terme du livre transparaît une désillusion à l'égard du modèle pris dans ses contradictions, ses tergiversations et ses attachements. Face à l'Allemagne impériale, au pacifisme, au national-socialisme, Zweig a cherché sa voie. Par ses faiblesses aussi l'homme est attachant. Que les circonstances de sa mort soient une tragédie, nul ne le contestera, mais le drame intime qui se joue dans la conscience de chacun, qui peut le juger ? À l'instar des auteurs, il faut louer en Zweig un inlassable apôtre de l'admiration qui sut la cultiver auprès de grands esprits qu'il put côtoyer tels Hofmannsthal son précurseur, Verhaeren au puissant lyrisme, Romain Rolland chantre d'une humble vie héroïque ou Freud qui permit une nouvelle psychologie. Jusqu'à la fin, il sut entretenir cet enthousiasme communicatif. Ici réside une des raisons de cette ferveur auprès du public, car lire Zweig dans quelque genre que ce soit (roman, nouvelle, biographie, essai, Mémoires) augure toujours un agréable moment et une communion intellectuelle et spirituelle nourrie d'un pur humanisme.
› Charles Ficat

Bibliothèque idéale des Odyssées. D'Homère à Fortunat, textes rassemblés et présentés par Claude Sintes, Les Belles Lettres, 352 p., 29,90 €

Ce beau titre empreint de classicisme recouvre une anthologie de voyages dans l'Antiquité à la fois chez les Grecs et chez les Latins. Dès les origines, les hommes se sont déplacés et ont choisi de parcourir le monde tant sur mer que sur terre. Les raisons de voyager sont variées : le commerce, la guerre, la religion, la connaissance, le désir d'ailleurs. Les Anciens, donc, se déplaçaient volontiers. Claude Sintes, maître d'œuvre de ce recueil et archéologue réputé, offre un vaste choix de récits et de témoignages qui éblouit par sa diversité et sa richesse. Il est vrai qu'entre Homère et Venance Fortunat (VIe siècle après Jésus-Christ) le temps est long, mais à lire cette sélection judicieusement établie jamais l'on ne s'ennuie. À tout seigneur tout honneur, le périple s'ouvre sur le célèbre chant V de l'*Odyssée* où Ulysse essuie la colère de Poséidon : « Que de fois en son cœur, il vit venir la mort ! » À chaque péril, attentive à sa détresse, la déesse le sauve. Comment se lasser de lire et relire ce passage admirable ? Il n'est pas le seul d'inspiration mythologique, puisque chez Apollonios de Rhodes ou chez Virgile on retrouve les figures des grands héros comme Jason ou Énée. Là où le recueil attire notre attention, c'est dans l'art des détails apportés par des écrivains qui livrent maintes observations sur leur quotidien. Quelle que soit la nature du voyageur (scientifique, commerçant, étudiant, orateur itinérant, exilé – on songe ici à Ovide), mille précisions nous apporteront des renseignements sur la vie dans le monde antique. Ce volume à la couverture bleue ornée d'une chouette dorée constitue une porte d'entrée à la littérature antique. De nombreuses cartes décrivent les parcours accomplis par les auteurs. Loin d'être seulement un enchantement, le voyage revêt son lot de dangers et de souffrances, ce que le *Prométhée* d'Eschyle appelait une « orageuse mer de fatale détresse ».

› Charles Ficat

Œuvre critique VIII. Recueils divers, de Barbey d'Aurevilly, sous la direction de Pierre Glaudes et Catherine Mayaux, Les Belles Lettres, 2022, 1680 p., 97 €

Ardent défenseur de *Madame Bovary* et des *Fleurs du Mal*, pourfendeur des *Misérables* et de *L'Assommoir*, « le connétable des lettres », tout au long de sa carrière, n'a jamais hésité à croiser le fer, que ce soit au *Nouvelliste*, au *Pays*, au *Figaro*, au *Réveil*, au *Constitutionnel* et dans d'innombrables autres revues et journaux, pour défendre les auteurs qu'il estimait être de qualité et combattre ce qu'il pensait être de fausses valeurs. Parmi ces dernières, il rangeait d'ailleurs Buloz, le directeur de la *Revue des Deux Mondes*. Sa mise en cause, dans un article du *Figaro*, était d'une telle véhémence qu'elle lui valut un procès en diffamation, une amende de 2 000 francs et la perte de sa place au journal (voir l'article de Jean-François Roseau dans notre numéro d'avril 2019). Barbey d'Aurevilly considérait la critique comme une mission de salubrité publique. Toujours prêt à payer pour ses convictions, il ne faisait jamais mystère de celles-ci. Le XIXe siècle est riche en polémistes, qui manient la plume comme une épée. Barbey est sans doute le plus percutant, le plus virtuose

de tous. Il devrait figurer au programme de toutes les écoles de journalisme.
Grâce à l'opiniâtreté de Pierre Glaudes et de Catherine Mayaux et à la persévérance des Belles Lettres, nous découvrons enfin ce monument qu'est son œuvre critique, dix fois plus volumineuse que ses romans et ses nouvelles. Après les différentes séries des *Œuvres et les Hommes*, voici l'avant-dernier volume de cette édition exemplaire, commencée en 2004. Il s'ouvre sur *Du dandysme et de Georges Brummell*, œuvre de jeunesse célébrant, avant Baudelaire, cette nouvelle aristocratie, « dernier éclat d'héroïsme dans les décadences ». *Les Prophètes du passé* nous familiarisent avec Joseph de Maistre, Bonald, Chateaubriand, Lamennais, des « antimodernes » chers au cœur de Barbey. Pour se guérir de tout humanitarisme, on relira la charge contre *Les Misérables*. Et pour l'irrévérence, on pourra savourer *Les Quarante Médaillons de l'Académie*. Quant aux *Ridicules du temps*, entre « Les Marchands de rubans », « Les Lâcheurs », « Et surtout pas d'ennuis », ils ressemblent furieusement aux nôtres. Enfin, parmi les *Polémiques d'hier* et les *Dernières Polémiques*, plusieurs textes s'appliquent parfaitement à l'actualité la plus récente : « Les moralistes électoraux », « Les libres-penseuses », « Bas-bleus et ratés », « Grandeur et décadence du gouvernement personnel ». Une annotation toujours bien venue nous garde toutefois de tout anachronisme. › **Robert Kopp**

ABC de la lecture, d'Ezra Pound, Bartillat, Omnia Poche, 241 p., 14 €

« Le sarcloir est indispensable au plus haut point si l'on veut que le Jardin des Muses continue d'être un jardin. » Voilà l'impératif catégorique qui guide le fil de pensée d'Ezra Pound dans son texte *ABC de la lecture*, court manuel à destination des étudiants réédité aux éditions Bartillat.
L'auteur des *Cantos*, connu pour sa vaste érudition, y dresse le constat suivant : les enseignants croulent sous la charge des écrits. Il faut avoir la dent dure, savoir faire le tri entre le bon et le médiocre et exercer son oreille si l'on veut pouvoir orienter les élèves et les mettre sur le chemin de la bonne littérature.
Mais quelle est-elle ? Comment séparer le bon du mauvais grain ? Il convient de savoir écouter les textes, leur musique, et pour ce faire Ezra Pound classe les ouvrages en fonction de six catégories d'écrivains. Les inventeurs (ceux qui sont à l'origine de nouveaux procédés littéraires). Les maîtres (ceux qui utilisent les procédés des inventeurs avec agilité). Les vulgarisateurs (plagiaires sans talent des deux premières catégories). Les bons écrivains mineurs (ceux qui suivent un courant littéraire qui se porte bien). Les hommes de lettres (qui font le portrait de leur époque sans aucun génie). Et ceux qui font la mode (ceux qui écrivent sur les livres et émettent des avis de troisième main).
Pour être bien guidé, il faut tendre l'oreille aux chefs-d'œuvre des inventeurs et des maîtres, aller vers Villon,

Dante, Chaucer, Marlowe, Ovide et Shakespeare. Par ailleurs, pour juger d'un texte, il convient d'éviter l'écueil qui consiste à penser qu'un écrivain est bon car il partage le même avis général, la même religion ou les mêmes affinités politiques que soi-même.

Concernant le style, Pound cite Thomas de Quincey : « La qualité d'un grand poète est partout présente et nulle part visible distinctement. » Le langage ne doit être ni serré à l'excès, ni fait de seules fanfreluches. L'apprentissage par l'oreille, voilà le biais à prendre.

Prétendre que cet *ABC* est simple et limpide serait mentir. Les références érudites et multiples, la non-traduction de plusieurs poèmes s'y trouvant en langue originale, freinent un peu la lecture. Mais on y trouve des exercices cocasses et précieux à destination des étudiants. Des pieds de nez jouissifs à certains auteurs et le ton inimitable de Pound empressé d'aller droit aux vérités : « Plus vite vous irez aux textes, moins vous serez obligé de m'écouter, moi ou quelque autre critique à l'esprit tortueux. » › Céline Laurens

Paris des profondeurs, de Pacôme Thiellement, Seuil, 226 p., 20 €

Les jeux Olympiques de 2024 se dérouleront à Paris, le saviez-vous ? Gong de départ. Après les trottoirs, ce sont les terrasses qui s'ornent de couvre-chefs floraux. Notre-Dame de Paris doit être prête à illuminer de toute sa splendeur retrouvée et la Seine devenir suffisamment propre pour que les athlètes puissent s'y baigner. C'est l'image du Paris de la Belle Époque qui semble avoir été choisie pour séduire le spectateur et non le Paris de l'obscur, celui qui oscille en un millefeuille de strates entre légendes et vestiges.

Or un livre qui vient tout juste de sortir, *Paris des profondeurs*, réussit à ressaisir cette ville dans toute sa complexité et son aura poétique. Son auteur, Pacôme Thiellement, s'inscrit pour ce faire dans la lignée de la psychogéographie telle qu'elle a été créée par Guy Debord. Rappelons que la psychogéographie était une réflexion portant sur la géographie de la ville et qui s'opposait à l'urbanisme fonctionnaliste, au service de la consommation – isolant et excluant les citadins.

Les situationnistes souhaitaient se réapproprier l'espace urbain par l'imaginaire : c'est ce que fait Pacôme Thiellement qui, tel un Virgile, saisit le lecteur par la main pour le guider dans les venelles de la capitale. On y apprend énormément. Saviez-vous par exemple que le lieu de l'actuel jardin du Luxembourg était craint comme la peste ? Comme il était envahi par des fumées pestilentielles, on le nommait le « Val Vert », ce qui a donné l'expression « aller au diable Vauvert ». Les ecclésiastiques y menèrent bataille pour exorciser l'endroit. Plus loin, là où l'ancienne rue de la Vieille-Lanterne se trouvait avant d'être détruite, se dresse le Théâtre du Châtelet. Son trou du souffleur se trouve très exactement là où Nerval se pendit. Quant au quartier du Louvre, il doit son nom aux hommes loups, les

Vikings, qui y établirent leur siège entre 885 et 887. Mais l'un des passages le plus intéressants de l'ouvrage concerne l'emplacement du Panthéon où le folklore moyenâgeux situait le château de Hautefeuille, comprendre de Haute Folie. Il se murmurait qu'il accueillait un seigneur tourmentant les hommes de la ville par des hallucinations et cachant un trésor promis aux chevaliers sortant victorieux des épreuves qui pouvaient les mener à la folie. Ce château fantasmagorique fut, dit-on, détruit par Saint Louis. Hasard ? Non loin de là, au printemps 1919, Breton et Soupault inventaient le surréalisme.

Ce livre qui tisse des liens entre les époques et les textes fait rejaillir l'aura exceptionnelle de Paris. Il rappelle également que le grand remplacement en cours est celui des touristes qui, peu à peu, chassent les occupants de leur propre ville. Battons-nous pour que Paris ne devienne pas un jour celui d'*Emily in Paris*, lisse et sans âme. › Céline Laurens

Opéra des oiseaux, de Laurence Nobécourt, Grasset, 512 p., 24 €

Trois cent soixante-cinq jours dans la vie de femmes et d'hommes un peu partout dans le monde. On pourrait craindre de se perdre dans le dernier roman de Laurence Nobécourt, tant il y a de personnages répartis sur cinq continents. Il n'en est rien. Par ordre d'apparition : Laïal, à New York, artiste peintre qui rencontre la belle rousse Mila ; Mado en Afrique, que son fils Kola interroge sur l'amour ; Wanda au Portugal, bonne à tout faire et à vendre, dont les formes rebondies attirent les hommes ; Ignatia, 56 ans, malmenée par les hommes ; Anastasia Korsakoff, cinéaste dont les films racontent le massacre de sa famille russe ; Jozef à l'hôpital de Sakhaline en Russie, qui ne peut faire le deuil de sa femme ; Tadeck à Hanoï ; le cardinal Luigi de Condotti à Venise. Et encore Perla, Maria, Sarah, Laura Mailleul et aussi Ange et quelques autres. Certains ont des patronymes, d'autres pas. Certains sont précisément localisés, d'autres non. Ils existent, c'est-à-dire qu'ils rêvent, souffrent, mentent, aiment, déraillent, espèrent et désespèrent ; des femmes et des hommes avec leur beauté, leurs faiblesses, leur peur de vieillir et de mourir seuls. Rien ne semble les (ré)unir, sinon leur nature mortelle et une admiration commune pour l'écrivain japonais Yazuki dont l'œuvre mythique donne son titre au livre ; rien sinon la récurrence de certains prénoms (Rachel) et l'assonance entre certains autres (Mila, Ada, Wanda, Sarah, Anastasia, Ignatia) qui ne doit rien au hasard. Si le lecteur a l'impression d'entendre leur voix – bien qu'aucune ne dise « je » –, c'est par la grâce de l'auteure au regard empreint de cette bienveillance que l'on prête aux psys ou à Dieu. « Et si un jour on te reproche d'exagérer, Anastasia, dis-toi bien que tu auras affaire à des gens qui n'ont jamais osé glisser le plus petit de leurs orteils dans le fleuve de la vie, car je peux te dire, Anastasia, la vie, la vraie, ça déménage. » › Isabelle Lortholary

La Dernière Colonie, de Philippe Sands, traduit par Agnès Desarthe, Albin Michel, 240 p., 21,90 €

À quoi sert la littérature ? La question, souvent posée, trouve dans les livres de l'avocat international Philippe Sands une réponse nette : à défendre le droit humain. *Retour à Lemberg* (2017), *La Filière* (2020) et aujourd'hui, *La Dernière Colonie*. On ne peut les qualifier de romans, quand bien même il s'agit de littérature dans laquelle on plonge : plutôt de récits historiques, nourris de comptes rendus juridiques, d'enquêtes et d'analyses politiques, incarnés par de « vraies » personnes dont les voix résonnent. Si ce sont toujours les hasards de son métier qui déclenchent son écriture, dans *La Dernière Colonie*, c'est en tant que représentant devant la Cour internationale de justice de La Haye que Sands prend la plume. Un jour de 2018, Liseby Elysé s'y présente avec ces mots : « Je suis venue à La Haye pour récupérer mon île. » De quoi s'agit-il ? Quarante-cinq ans plus tôt, comme tous les autres habitants des îles Chagos dans l'océan Indien, Liseby, qui ne sait ni lire ni écrire, a été contrainte à l'exil par le Royaume-Uni dont l'archipel était la dernière colonie, et ce afin de permettre aux États-Unis d'y construire une base militaire. Elle a alors 19 ans et n'a de cesse, les décennies suivantes, de faire valoir ses droits pour retourner dans son pays d'origine. C'est son histoire, celle de son peuple, que Philippe Sands raconte à sa manière virtuose (et traduit de manière virtuose par Agnès Desarthe), alternant les rythmes des témoignages et les points de vue, s'autorisant des allers et retours dans le temps, comme des parenthèses pour ménager le suspense. Imbriquer le droit international, la politique à la littérature afin que chaque livre soit un acte capable de faire réagir les esprits, de modifier les lois et d'obtenir réparation : ainsi en est-il encore et toujours de la vocation et des intentions de l'écrivain avocat, qui a obtenu de la Cour pénale internationale un jugement historique reconnaissant l'injustice commise contre les Chagossiens et imposant au Royaume-Uni d'autoriser leur retour.
› Isabelle Lortholary

Le matin où j'aurais dû mourir, de Semezdin Mehmedinović, traduit par Chloé Billon, Le Bruit du monde, 228 p., 21 €

Quel livre ! Ce roman revendiqué comme tel en couverture cumule les registres, journal de bord, impressions diverses, croquis, notes laissées au détour d'un paragraphe, tantôt prose et poésie. Les pages tournant autour de sa crise cardiaque et de l'AVC de Sanja, sa femme, oscillent continuellement sur la ligne de partage qui sépare l'avant de l'après. Ce moment de bascule dans leur vie rappelle leur exil, leur fuite aux États-Unis en compagnie de leur fils pour échapper au siège de Sarajevo (1992-1996). Ils sont des étrangers en Amérique et les voilà devenus peu à peu étrangers aux souvenirs qui les ont construits. Sanja surtout se débat pour recoller les morceaux épars et diffus d'un monde tombé dans l'ombre. Le texte en quelque sorte fait barrage contre l'oubli. Dans un chapitre consacré au voyage qu'il effectue avec son fils Harun, à Phoenix, la ville de leur première adresse en Amérique, au bord du désert, le narrateur tente de renouer le fil de leur relation. « Je voulais – dit-il dans un entretien – voyager avec lui pour comparer mes souvenirs avec les siens, pour me rassurer. » Or Harun, devenu cinéaste, ne se souvient pas de son enfance pendant le siège, alors que les épisodes de la guerre n'ont jamais quitté son père et l'ont marqué pour toujours. Un blanc qui le trouble profondément d'autant que ce dernier retrouve par hasard dans le trousseau d'Arun, après tant d'années, la clé de leur appartement de Sarajevo. On n'en sait pas plus, mais ce détail aussi discret soit-il, donne du relief à l'ampleur du traumatisme subi par l'enfant. C'est le sens d'ailleurs des dessins de l'auteur disséminés ici et là, tous destinés à son fils comme un cadeau, comme des images qui expriment des émotions sans aucun commentaire. En suivant le fil de cette retenue, notons ce moment où l'auteur, pour continuer à écrire pendant le siège, remplit la lampe à pétrole avec du mazout et s'aperçoit au petit matin que tout est recouvert de suie. Sa femme, son fils et lui-même sont « noircis par la guerre ». Chacune des parties de l'ouvrage sculpte ainsi le cheminement sensible d'une langue rassemblant les fragments fragiles d'une mémoire en quête de lumière. › **Bertrand Raison**

Tombeaux. Autobiographie de ma famille, d'Annette Wieviorka, Seuil, 384 p., 21 €

Pourquoi les historiens consacrent-ils leur vie à l'étude d'un sujet ? Ce n'est qu'à 74 ans qu'Annette Wieviorka, spécialiste de la Shoah, se livre réellement sur la raison d'être de son travail d'historienne. Poursuivant son œuvre autobiographique après *Mes années chinoises* (Stock, 2021), celle qui a, de son propre aveu, toujours préféré « l'histoire de tous plutôt que celle des miens » publie une enquête passionnante et émouvante sur sa propre famille. Au commencement, l'idée était d'écrire sur son grand-père, Wolf Wieviorka, écrivain juif polonais mort en déportation. Avec le temps, son souhait fut d'offrir un tombeau de papier à sa tante Berthe, disparue sans descendance en 2012. Finalement, Annette Wieviorka retrace les destins croisés de ses parents, Aby et Rachel, de ses oncles, tantes et grands-parents, dont trois sur quatre sont morts avant sa naissance, pendant la Seconde Guerre mondiale.

D'une écriture enlevée, elle mêle d'innombrables archives à ses souvenirs, ses émotions, ses regrets de n'avoir pas posé certaines questions. La vie de ses aïeux reprend forme par les lieux qu'ils ont habités, de leurs villes natales en Pologne à leurs adresses à Paris. De Nice et de la Suisse, où certains se sont réfugiés, à Auschwitz, où d'autres ont péri.

Au-delà du simple récit de vies, qui rappelle l'importance historiographique du témoignage à recueillir avant qu'il ne soit trop tard, c'est l'histoire de la première moitié du XXe siècle que raconte *Tombeaux*, avec ce « souci d'exactitude comme devoir civique » propre à toute l'œuvre d'Annette Wieviorka : l'expérience de l'immigration, la misère des réfugiés, la communauté yiddish de Paris, l'oscillation permanente et générationnelle entre judaïsme religieux et judaïsme culturel, la guerre, Vichy, les camps – et comment se reconstruire après l'horreur. « Aucune expérience humaine n'est dénuée de sens ou indigne d'analyse », a écrit Primo Levi. En ce sens, Annette Wieviorka rend bien plus qu'un hommage aux morts qui la hantent. Elle fait de ces derniers les vibrantes incarnations d'une histoire dont tant d'acteurs ont disparu sans laisser de trace. › **Aurélien Tillier**

REVUE
DES DEUX
MONDES
97, rue de Lille | 75007 Paris
Tél. 01 47 53 61 50 | Fax 01 47 53 61 99
N° ISSN : 0750-9278
www.revuedesdeuxmondes.com
revuedesdeuxmondes@gmail.com
Twitter @Revuedes2Mondes

Société éditrice
La *Revue des Deux Mondes* est éditée par la Société de la Revue des Deux Mondes SNC au capital de 2 545 074 euros.

Principal actionnaire
Groupe Fimalac

Directeur de la publication
Thierry Moulonguet

Imprimé en France par Aubin Imprimeur avec des encres blanches certifiées BLUE ANGEL sur du papier issu de forêts gérées durablement et façonné avec des colles écocompatibles à base d'hévéa.
Commission paritaire : n° 0325D81194

Abonnements (9 numéros par an format papier + numérique)
France | 1 an › 89 euros | 2 ans › 165 euros |
Abonnement étudiant | 1 an › 65 euros
Étranger | 1 an › 129 euros

Service des abonnements
En ligne : www.revuedesdeuxmondes.fr/abonnement.
Par courrier :
Revue des Deux Mondes
235, avenue Le Jour-Se-Lève
92100 Boulogne-Billancourt
Tél. : 01 44 70 14 71
revuedesdeuxmondes@abonnescient.fr

Ventes au numéro
Disponible chez les principaux libraires (diffusion Humensis, renseignements : Andrés Morales | 01 54 42 84 82 | andres.morales@humensis.com, distribution Union Distribution) et marchands de journaux (renseignements : vente au numéro | Gilles Marti | 01 40 54 12 19 | gilles.marti@valmonde.fr).
Ce numéro comprend un bulletin d'abonnement broché entre les pages 168 et 169.
Couverture © Joël Saget/AFP.